KB015081

대 한 민 국
미 래 경 제
보 고 서

도시의 미래

대 한 민 국
미 래 경 제
보 고 서

The Future of Cities

도시의 미래

21세기 글로벌 도시大戰 생존전략

| 매일경제 미래경제보고서팀 지음 |

매일경제신문사

인구 감소와 저성장 시대는 한국이 마주하고 있는 미래다. 한국의 미래를 이끌 새로운 성장동력을 찾으려는 노력 속에 우리가 간과하고 있는 보물이 바로 '도시'다.

고성장을 구가하던 산업화 시대에 도시는 인구 증가와 이에 따른 교통체증, 환경오염의 주범으로 박해를 받았다. 도시를 벗어난 교외에서의 삶이 풍요로움의 척도가 됐고 도시는 가운데가 구멍 난 도넛처럼 공동화됐다. 근거를 알 수 없는 원칙들에 따라 도시를 방부 처리하고 호박 화석처럼 도시를 역사에 가두려는 시도가 찬양을 받았다. 하지만 이제 도시의 성장 잠재력을 깨울 때다.

최근 들어 교외로 빠져나가던 것은 도시로 집중하던 인류 역사에서 산업시대에 잠깐 있었던 '예외적 현상'(에드워드 글레이저 하버드대 교수)이라는 평가가 나오고 있다. 세계 최대 사모펀드

운용사인 블랙스톤 글로벌 부동산 부문 대표인 존 그레이는 "부동산 시장에서 도심으로 몰리는 재도시화Re-urbanization 추세가 진행 중"이라고 말했다. 그야말로 '도시의 귀환'이다.

글로벌 투자회사인 피델리티는 대도시가 아시아의 경제 성장을 주도할 것이라고 보고 도시 관련 인프라에 대한 투자 확대를 주장하고 있다. 특히 아시아 각국의 도시화 현상은 사람의 라이프 스타일 변화와 함께 소비 패턴 변화 및 관련 시설 증가를 부추겨 전반적인 국가 발전의 원동력이 될 것이라고 주장한다.

우리는 아직도 도시 비대화와 마을 공동화를 근심 어린 눈으로 바라보지만 선진국은 물론 인도와 중국에서도 국가 발전을 이끌고 있는 것은 대도시다. 중국 정부는 2012년 '중앙경제 공작회의'를 통해 '도시화의 적극적, 지속적 추진'을 정책 방향으로 제시했다. 중국의 수출 의존형 성장 전략에서 도시화를 기반으로 한 내수 주도형 성장 전략으로 성장의 방향성을 조정한 것이다. 인도 나렌드라 모디 총리는 2015년 '도시화 프로젝트'를 선포했다. 이를 통해 인구 200만 명 이상인 도시에 도로, 지하철 등 사회기반 시설을 증대하여 도시 삶의 질을 개선할 것이라고 밝혔다.

신흥국들은 도시 위주의 개발 정책을 추진하고 있으며, 선진국들은 기존 도시 인프라 시설에 첨단기술을 입혀 스마트시티로 대변화를 꾀하고 있다. 글로벌 기업들은 차세대 먹거리를 확보하기 위해 도시 중심의 성장 정책을 따라 신흥국, 선진국 구별 없이 다양한 형태의 사업 기회를 지구촌 곳곳에서 엿보고 있다.

도시 경쟁력이 국가 경쟁력인 시대다. 도시가 새로운 성장동력으로 떠오르며 도시 경쟁력을 높이려는 연구도 활발하다. 자신만의 차별화된 경쟁력을 확보하지 못한 도시는 글로벌 시장에서 도태될 수밖에 없다. 과거의 국가 간 대결은 이제 도시 간 대결로 패러다임이 바뀌고 있다. 세계 각국은 이미 소리 없이 글로벌 도시대전大戰에 참전을 선포했다.

미래도시로의 변신은 '현재진행형'이며 도시 경쟁력 강화를 위한 각국들의 치열한 경쟁은 우리 눈앞에서 펼쳐지고 있다. 그렇다면 한국의 도시는 어떤 미래를 준비해야 할까? 어떤 경쟁력을 보유해야 미래 도시대전에서 승리를 할 수 있을까?

〈매일경제〉가 2016년 창간 50주년을 맞아 '도시의 미래'를 기획한 이유다. 이 책에서는 먼저 도시대전에서 생존하기 위한 경쟁력을 살펴보고 이러한 도시 경쟁력을 높이고 있는 해외 여러 도시들의 사례를 소개한다. 이어 한국 도시의 현주소와 함께 과거 실패 사례를 통해 미래 글로벌 도시로 성장하기 위한 방향들을 제시해 본다.

CONTENTS

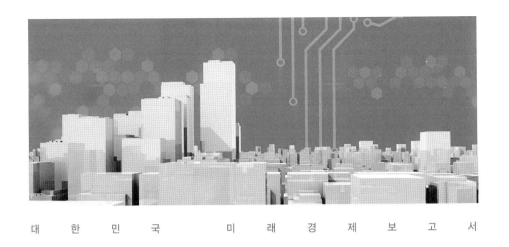

CHAPTER 01

미래도시의 모습

글로벌 도시대전의 생존조건

세계는 도시로의 인구 쏠림 현상이 가속화되고 있다. 유엔 인구보고서와 경제협력개발기구OECD 보고서 등에 따르면 2014년 전 세계 인구의 54%가 도시에 거주하고 있다. 2030년이 되면 도시 인구는 39억 명에서 51억 명으로 12억 명 이상 증가할 것으로 예상된다. 이에 따라 1950년대 29%에 불과했던 도시 인구 비율은 2030년엔 60%, 2050년엔 70%까지 상승할 전망이다. 또 1990년 10개였던 메가시티(인구 1,000만 명 이상)는 2030년엔 41개로 늘어나게 된다.

도시의 수가 늘어남에 따라 도시 간 '인구전쟁'은 한층 치열해지게 된다. 이에 따라 미래도시는 크게 두 가지로 나뉜다. 인구가 몰리는 도시와 인구를 빼앗기는 도시가 그것이다.

우수한 '인적 자본'의 유입은 미래도시 생존의 가장 중요한 요

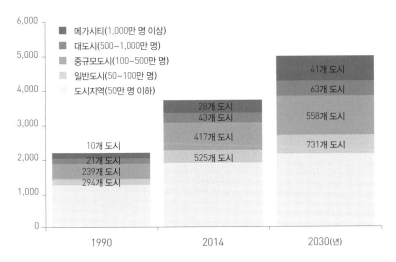

세계 도시 인구의 도시 규모별 분포 변화 예상

(단위: 100만 명)

■ 메가시티(1,000만 명 이상)
■ 대도시(500~1,000만 명)
■ 중규모도시(100~500만 명)
□ 일반도시(50~100만 명)
□ 도시지역(50만 명 이하)

1990
10개 도시
21개 도시
239개 도시
294개 도시

2014
28개 도시
43개 도시
417개 도시
525개 도시

2030(년)
41개 도시
63개 도시
558개 도시
731개 도시

자료: 유엔인구보고서

소다. 그런 점에서 한국의 대표도시인 서울의 미래가 밝지만은 않다. 서울연구원 자료에 따르면 50년 뒤 서울시 인구는 900만 명이 붕괴되고, 기대수명은 100세를 돌파하게 된다. 인구절벽, 고령화, 저성장의 대표모델로 서울시가 소개될 가능성이 높다는 얘기다.

서울시 인구는 1942년 100만 명에 불과했다. 한국전쟁 이후 줄곧 늘어나기 시작한 서울시 인구는 행정구역 확대와 함께 1968년 600만 명, 지하철 개통 이후 1979년 800만 명, 강남 개발 등과 함께 1988년 1,000만 명을 돌파했다. 1992년 정점을 찍은 서울시 인구는 이후 계속 줄고 있으며 서울의 마이너스 인구 성장률 추세가 계속된다면 약 50년 후인 2066년에는 인구 900만 명도 붕괴될 것으로 예상된다.

세대별 인구 구성은 더욱 심각한 문제다. 1990년 다수를 차지하던 20~30대는 계속 비율이 줄어들기 시작해 2000년 이후 다이아몬드 형태에서 2066년에는 고령 인구가 절대다수를 차지하는 역삼각형 구조가 될 것으로 보인다. 통계청 장래가구추계에 따르면 평균 수명도 늘어나 중위연령이 2005년 35세, 2015년 40세, 2035년 50세로 점점 올라가게 된다. 기대수명도 2066년에는 100세를 돌파할 것으로 보인다. 전국의 65세 이상 고령 인구 비율도 1970년 3.1%에서 2013년 12.2%로 지속적으로 증가했으며, 2030년 24.3%, 2050년 37.4%, 2060년엔 40.1% 수준에 이를 전망이다.

인구절벽과 노령화 문제를 돌파하려면 개방과 포용을 바탕으로 인구정책 기본 틀을 다시 짜야 한다. 행정자치부에 따르면 2015년 우리나라에 거주하는 외국인 주민은 174만 명으로 전체 주민 등록 인구 대비 3.4%를 차지한다. 서울에 거주하는 외국인은 45만 명으로 전체 서울시 인구의 5% 수준이며 영국 런던시의 45%에 크게 못 미친다. 미래 글로벌 도시로서 생존의 문제는 50년 뒤 내 옆에 존, 나카지마, 사무엘, 호세가 있을지, 아니면 철수 할아버지와 영이 할머니만 사는 도시가 될지의 문제다.

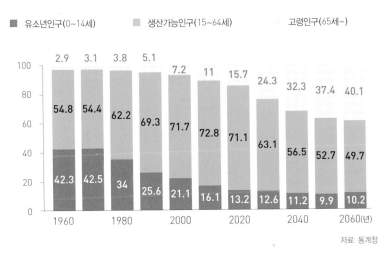

연령별 인구 구조 변화 예측 (단위: %)

■ 유소년인구(0~14세)   생산가능인구(15~64세)   고령인구(65세~)

	1960	1980	2000	2020	2040	2060(년)

자료: 통계청

　　미래도시 기획팀은 도시대전大戰에서 승리하기 위한 4가지 생존조건에 주목했다. 먼저 미래도시는 문화적 콘텐츠와 스토리가 풍부하여 사람을 끄는 매력이 있는有, 있을 유 도시다. 이 도시는 첨단 스마트 기술을 갖춰備, 갖출 비 도시의 편안한 삶을 보장할 것이며, 이를 기반으로 한 고도화된 수직 도시설계를 통해 횡적인 팽창이 없는無, 없을 무 것이 특징이다. 또한 미래도시는 각종 재난, 재해 등 충격으로 인한 도시의 위기를 기회로 바꿀換, 바꿀 환 수 있는 '회복탄력성'이 중요하다. 기획팀은 미래 경쟁력 있는 도시의 모습을 사자성어 '유비무환有備無患'의 한자음을 빌려 '유비무환有備無換'이라는 의미로 재구성했다.

유비무환(有備無換)의 미래도시

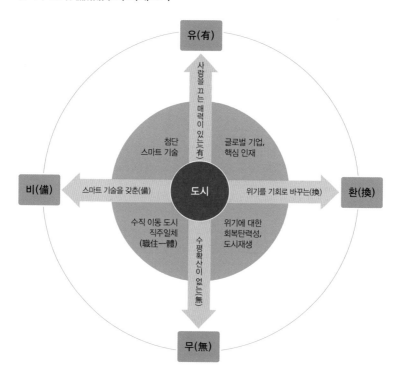

① 있을 유(有): 사람을 끄는 매력이 있는 도시

· 글로벌 기업, 핵심 인재
(관광, 문화 중심지, 금융 허브, 글로벌 비즈니스의 중심)

② 갖출 비(備): 스마트 기술을 갖춘 도시

· 스마트 기술, 첨단 ICT
(첨단 교통 인프라, 지능형 전력망, 친환경 건물)

③ 없을 무(無): 수평확산이 없는 도시

· 수직도시, 직주일체
(출근 시간 15분, 탄소 배출 감소, 녹지공간 증대)

④ 바꿀 환(換): 위기를 기회로 바꾸는 도시

· 회복탄력성, 도시재생
(안정적 비즈니스 환경 제공, 외부 충격에 빠른 복구)

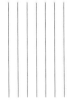

사람을 끄는
매력이 있는 도시

미래도시의 경쟁력은 아스팔트나 콘크리트가 아닌 그 속에 사는 '사람'들의 경쟁력이다. 또 세계 각국의 도시를 옮겨 다니는 '도시 노마드Nomad'를 끌어당기는 힘이 도시 경쟁력이다.

사람을 끌어들이는 거대한 자석, '피플 마그넷People Magnet'이 된 영국 런던의 경쟁력을 살펴보자. 런던의 인구는 2014년 기준 850만 명이고 주변까지 합치면 1,360만 명으로 파리의 1,230만 명을 제치고 유럽연합 최대의 도시이다. 런던 거리에서는 토박이 런더너Londoner를 만나기가 쉽지 않다. 이미 런던 거주자 중 45%는 해외에서 태어난 사람들이다. 런던을 찾는 관광객만 한 해 1,800만 명으로 2014년 파리와 방콕을 추월하여 세계 최대 관광객이 몰려드는 도시이기도 하다. 매년 런던인의 2배에 달하는 관광객이 각국에서 런던에 몰려온다. 런던의 공기를 떠다니는 외국어는 200개가

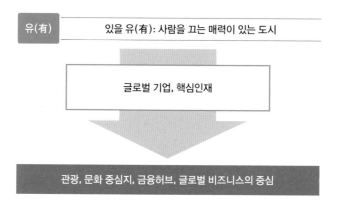

| 유(有) | 있을 유(有): 사람을 끄는 매력이 있는 도시 |

글로벌 기업, 핵심인재

관광, 문화 중심지, 금융허브, 글로벌 비즈니스의 중심

넘는다.

2016년 1월 〈매일경제〉 미래도시 기획팀은 런던이 '피플 마그넷'이 된 비결을 살펴보기 위해 이원복 덕성여대 총장, 김현아 명예기자(건설산업연구원 건설경제연구실장)와 함께 런던을 방문했다. 런던의 중심인 세인트 폴 대성당에서 '밀레니엄 브리지'로 템스 강을 넘어 10분 정도 남쪽으로 걸으면 테이트 모던이 나온다. 런던의 상상력은 낡고 버려진 화력발전소 터였던 이곳을 세계 최대 규모의 현대미술 갤러리로 바꿔 냈다. 낙후됐던 테이트 모던 지역은 이제 런던 도시재생의 상징으로 탈바꿈했다.

산업시대의 유물인 높이 99m 발전소 굴뚝과 외형은 그대로 보존해 둔 채 전체 7층 건물 중 3개 층을 전시 공간으로 활용 중인 테이트 모던의 한 전시실에서는 고故 백남준의 작품도 만날 수 있

2016년 새해 첫날인 1일 런던의 현대미술 갤러리 '테이트 모던'을 찾은 관람객들이 템스 강 너머를 바라보며 식사하고 있다. 세인트 폴 대성당 양옆으로 건설용 타워 크레인들이 뾰족하게 솟아 있다.

다. 6층 카페에 올라가면 런던 전경이 한눈에 펼쳐진다. 템스 강 건너편 세인트 폴 대성당 양옆으로 신축 중인 초고층 빌딩들이 줄지어 있다. 런던 하늘을 뒤덮은 공사용 타워 크레인 숲을 보며 "여기가 런던이 맞나"라는 탄성이 터져 나왔다. 가족과 함께 새해를 보내기 위해 벨기에에서 왔다는 니콜라스 듀폰 씨는 "이번이 세 번째 런던 방문인데 올 때마다 새 고층 건물이 들어서서 놀랍다"고 말했다.

런던 시내는 거대한 공사판이었다. 도시 곳곳엔 신축 초고층 빌딩의 개관을 알리는 '커밍 순Coming Soon' 안내판이 행인들의 시선

영국 런던 타워 브리지.

을 잡아당겼다. 런던만큼 역사적 건물에 대한 스토리텔링을 잘하는 도시는 많지 않다. 하지만 그들은 도시를 방부 처리하지 않았다. 시대 흐름에 맞춰 도시는 끊임없이 변신해 간다.

이원복 총장은 "프랑스 파리가 모든 신축 건물을 5층 이내로 제한해 역사에 묶여 됐다면 런던은 스스로를 역사에서 해방시켰다"고 평가했다. 이 총장의 표현처럼 런던은 각종 도시경쟁력지수에서 1위를 차지한다. 글로벌 기업들은 전 세계에서 런던을 '비즈니스하기에 가장 좋은 도시'로 꼽고 있고 이를 반영하듯 글로벌 기업 10개 중 4개는 유럽 본사를 런던에 두고 있다.

산업화 시대의 종언과 함께 1971년 한때 70%까지 치솟았던 런던의 실업률은 2015년 6.2%까지 떨어졌다. 전 세계에서 사람과 돈이 몰리면서 최근 1년간 런던의 평균 부동산 가격은 하루에 120파운드(약 21만 원)씩 상승했다. 3.3㎡에 5억 원을 넘는 아파

트도 등장했다. 런던은 전통적으로 10년 이상 장기 계약이 많지만 오피스 공실률은 4.6%에 불과하다.

'철의 여인' 마거릿 대처 전 총리의 과감한 노동 개혁과 금융위기 이후 긴축재정, 미래 지식산업에 대한 집중적인 투자, 외국 기업에 우호적인 기업 환경이 이뤄 낸 결과다. 글로벌 종합 부동산 회사 세빌스의 라시드 하산 매니저는 "런던은 뉴욕, 샌프란시스코와 함께 세계 3대 스타트업 기업 유치 도시다. 임대료가 상대적으로 저렴한 런던 동부 지역을 중심으로 2,700개 이상의 정보기술IT 스타트업 기업이 런던의 경제를 끌어가고 있다"고 말했다.

런던~옥스퍼드~캠브리지로 이어지는 골든트라이앵글에는 생명과학 분야 특화단지가 조성돼 미래를 준비 중이다. 런던에만 120개 생명과학회사가 있고 캠브리지 180개, 옥스퍼드에 65개가 밀집하면서 시너지를 내고 있다.

그러나 런던의 진정한 속살은 아스팔트 땅 아래 지하철역에서 들여다볼 수 있다. 대도시 지하철역 광고판은 대중의 삶을 반영하는 사회의 거울이다. 런던의 지하철역은 〈라이언 킹〉, 〈오페라의 유령〉, 〈위키드〉 등 뮤지컬, 쇼, 박물관, 전시회 광고로 가득 차 있다. 도시 삶의 즐거움을 엿볼 수 있는 단면이다. 성형외과 광고들로만 즐비한 서울의 지하철역과 다른 모습이다.

실제 2015년 일본 모리연구재단이 발표한 '2015 모리 지수'에 따르면 런던은 박물관 수와 외국인 관광객 수 1위, 외국인 거주자

뮤지컬·박물관·전시회 안내로 채워진 런던 지하철역(왼쪽)과 성형수술 광고로 가득 찬 서울 지하철역. 도시가 글로벌 기업의 헤드쿼터를 유치하기 위해서는 도시문화 콘텐츠 개발이 중요하다.　　　사진: 이충우 기자

수 2위를 차지하는 등 '문화 교류'에서 최상위권을 차지했다. 이원복 총장은 "런던에서는 전통과 미래, 전 세계에서 모인 사람들이 제각각 색깔을 내지만 전체적으로 런던이라는 모자이크 안에 들어가 있다. 외국인을 껴안는 포용력과 개방성, 역사와 규제에 얽매이지 않는 창의력과 융통성이 오늘의 런던을 만들었다"고 진단했다.

스마트 기술을 갖춘 도시

"2066년 1월 26일, 첫 소식입니다. 국내 최대 자동차 보험사 A
사가 올해를 마지막으로 자동차 보험 판매를 종료하기로 결정했
습니다. 자율주행 시스템이 발달하면서 차량 사고가 크게 줄었기
때문입니다."

가상뉴스이지만 미래학자들은 도로교통 상황을 정밀하게 관
리하는 시스템이 구축되고 자동차가 운전자를 대신해 신호등 체
계를 알아서 분석, 운전하는 자율주행 시대가 보편화되면 자동차
보험회사가 줄줄이 도산 위기에 처할 가능성이 높다고 전망한다.

모든 사물들이 가상공간에 연결돼 사람과 사물 혹은 사물과 사
물 간 상호 소통할 수 있는 사물인터넷IoT과 정보통신기술ICT이 도
시 환경을 빠르게 변화시키고 있다. 교통 혼잡, 범죄·재난, 에너지
고갈 등 복잡하게 얽힌 도시 문제를 해결하고 도시 경쟁력을 향

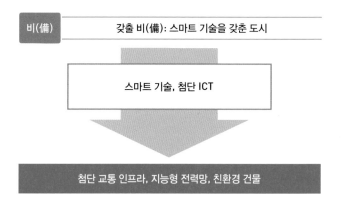

비(備)	갖출 비(備): 스마트 기술을 갖춘 도시

스마트 기술, 첨단 ICT

첨단 교통 인프라, 지능형 전력망, 친환경 건물

상시키기 위해 세계 각국에서 똑똑한 도시(스마트시티)를 만들려는 노력이 빠르게 확산되고 있는 것이다.

스마트시티는 ICT를 이용해 자원을 최대한 효율적으로 활용하여 도시 문제를 해결하고 도시 거주민의 삶의 질과 도시 경쟁력을 향상시키는 '지속 가능한Sustainable' 미래형 도시다.

스마트시티에서는 에너지, 교통, 환경, 상하수도, 행정, 의료, 교육 등 도시 주요 부문의 기반시설·서비스가 사물인터넷과 같은 정보통신기술과 결합해 스마트시티 플랫폼에 정보를 전송하고 이 플랫폼은 가공된 정보를 필요한 기관이나 시민에게 제공한다.

예를 들어 교통체증이 발생하면 도로 확장, 신규 도로 건설만으로 해결하는 대신 스마트시티에서는 정보통신기술을 활용해 교통신호를 제어하고 운전자에게 실시간으로 교통체증 정보 등을 제공해 우회도로를 이용할 수 있게 한다. 상하수도 누수가 발

스마트시티에서의 문제 해결 방식

구분	기존 도시	스마트시티
문제 해결 방식	도시기반시설 확대 교통체증 발생 → 도로 확대 범죄 발생 증가 → 경찰력 확대	스마트서비스 제공 교통체증 발생 → 우회도로 정보 제공 범죄 발생 증가 → 실시간 CCTV 모니터링

생하면 누수 지점을 정확하게 파악할 수가 없어 전면 보수가 필요했지만 스마트시티에서는 누수 지점을 센서로 파악해 국소 부문에 한해 즉각적인 조치가 가능하다.

다양한 산업 분야에 대한 시장조사를 전문으로 하는 글로벌 기업 '마켓츠앤드마켓츠'는 전 세계 스마트시티 시장이 2014년 4,113억 달러(약 496조 8,500억 원)에서 2019년 1조 1,348억 달러(약 1,370조 8,300억 원) 규모 이상으로 급격히 성장할 것으로 내다봤다. 1,000조 원이 넘는다는 얘기다. 글로벌 기업들에 스마트시티는 미래의 새로운 사업 영역이다.

가전제품으로 익숙한 독일 기업 지멘스는 전 세계에서 진행되고 있는 도시화에 주목하고 교통, 물, 에너지, 인프라 등 전 세계 도시가 직면한 문제에 해답을 제시하는 기업으로 사업 영역을 확장하고 있다. 지멘스가 제공하는 스마트시티 상품은 정보통신기술을 활용해 도시의 효율을 높이는 데 초점이 맞춰져 있다.

지멘스 무인철도 시스템을 도입한 프랑스 파리 지하철은 발차

시간을 조정해 차량 배치를 기존보다 최대 50% 늘릴 수 있었다. 또 인도 마하라슈트라주에서는 전력 공급기업에 지멘스의 스마트그리드_{지능형 전력망} 기술을 제공해 배전 과정에서 생기는 전기 손실을 절반까지 줄였다. 세계에서 가장 높은 친환경 건물 인증_{LEED} 빌딩으로 유명한 타이페이 101 빌딩은 지멘스의 건물 관리 시스템 덕에 에너지 소비를 30% 낮추고 연간 70만 달러(약 8억 4,500만 원)를 절약했다.

지멘스는 2012년 런던에 '크리스털_{The Crystal}'이란 이름의 친환경 랜드마크 건물도 만들었다. '도시의 미래'를 주제로 한 세계 최대 전시공간을 갖춘 이 건물은 글로벌 전기·전자기업인 지멘스가 '도시'를 미래 먹거리로 생각하고 어떻게 스마트시티 구축에 앞장서고 있는지를 보여 주는 상징물이기도 하다.

교통지옥으로 악명이 높았던 런던은 지멘스 스마트시티 구축 사업의 성공 사례다. 런던은 과밀화와 함께 하루 종일 교통체증에 시달렸고 특히 시외에서 런던으로 진입하는 도로는 상습 정체 구역으로 시민들의 두통거리였다.

지멘스는 런던 교통당국의 자문 역할을 맡아 도심 진입도로 교통을 개선하는 솔루션을 제공했다. 런던시와 지멘스는 협업을 통해 위성항법을 이용한 위치추적_{GPS} 버스 시스템을 도입하고 도로별·시간별 통행량을 기반으로 한 빅데이터를 수집해 가장 많이 붐비는 시간대와 도로를 골라 통행료를 징수하는 방식을 시도했

스마트시티 기반시설

네트워크   지능 설비

운영센터

다. 그 결과 시내로 들어오는 교통량은 이전보다 20% 줄어들었
고 교통 효율성은 35%나 늘었다. 연간 발생하는 이산화탄소를
15만 t이나 줄이는 효과도 따라왔다.

수평확산이 없는 콤팩트도시

미래도시는 지금보다 더욱 뾰족하게 변할 것으로 예상된다. 도시가 평면으로 확산Sprawl되기보다는 다소 압축된 공간에 초고층 빌딩들이 들어서는 '수직도시'의 모습을 띠게 된다. 빌딩들이 수직으로 올라가며 남는 공간은 공원과 보행자 도로로 활용돼 걷기 좋은 도시로 변신하게 된다.

도시로의 인구 집중과 저출산에 따른 인구 감소, 노령화에 따라 도시공간 구조와 도시개발 방식의 변화를 요구한다.

경제협력개발기구OECD 보고서에 따르면 2050년까지 전 세계 인구의 70%가 도시 지역에 거주한다. 또 65세 이상 고령 인구 비율이 지금의 2배로 늘어난다. 우리나라도 도시 인구와 도시 면적이 계속 증가하는 추세다. 특히 65세 이상 고령 인구 비율은 2013년 12.2%에서 2030년 24.3%, 2050년 37.4%로 계속 높아질 전망

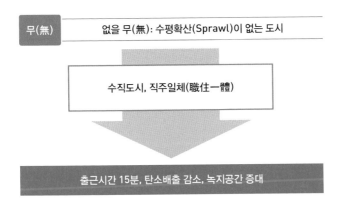

이다.

이와 같은 고령화의 진전은 도심회귀 현상을 심화시킨다. 고령자는 의료, 문화, 여가, 상업시설 등이 인접한 곳에 주거지를 선택하는 경향이 강하기 때문이다. 또 여성의 사회적 진출이 늘면서 주거지역과 인접한 곳에 보육, 편의시설이 입지하기를 희망하는 욕구가 증대되고 직장과 주거가 근접한 직주근접에 대한 선호도 역시 늘어나 도심회귀 현상은 심화된다.

결국 주서, 일자리, 여가와 편의시설이 흩어져 있는 확산형 도시개발보다는 이들을 한곳에 모을 수 있는 고밀도 복합개발이 요구된다. 이를 '콤팩트시티Compact City'라고 부른다.

초고층 중심의 고밀도 개발을 특징으로 하는 콤팩트시티는 친환경적인 성격도 띤다는 점에서 에드워드 글레이저 하버드대 교수 같은 도시학자들의 지지를 받는다. 그는 고밀도 도시에서 걸어 다니는 것이 교외에 살며 운전을 하고 다니는 것보다 더 환경 친화적이라는 측면에서 콤팩트시티는 '녹색'이라고 주장한다. 도시화가 급속히 진행되고 있는 중국과 인도가 확산형 도시개발을 포기하고 콤팩트시티 모델을 채택하면 지구 온난화의 주범이 되는 이산화탄소 배출량이 크게 줄 것이라는 분석이다.

효율성의 개선이 소비 축소가 아닌 확대로 이어지게 된다는 '제번스의 역설Jevons's Paradox'은 콤팩트시티가 강조되는 또 다른 이유다. 제번스의 역설에 따르면 연료 효율성이 더 높은 증기 엔진들이 나오면서 석탄 소비가 더 늘어나고 저칼로리 과자들이 나오면서 허리둘레는 오히려 더 두꺼워진 것처럼 교통·통신기술의 발달로 직접 접촉의 가치가 더욱 높아졌다.

글레이저 교수는 도시에서 벌어지는 직접적인 접촉은 복잡한 커뮤니케이션의 저주를 푸는 주요한 도구라고 평가하고 콤팩트시티가 주는 도시의 '밀접성'에 주목했다. 글레이저 교수는 그의 저서《도시의 승리》에서 "인간의 창조성은 도시의 밀도에 의해 강화되며 혁신은 번잡한 도시 거리들을 가로질러 사람과 사람 사이로 확산됐다. 도시의 힘은 인간의 협력을 통해서 나오는 힘이며 그 힘이 문명의 발전을 가져왔다. 우리는 그러한 진실에 집착하고 해로운 신화는 배격해야 한다"고 주장했다.

그는 또 파리의 고도 제한을 도시 계획 전문가들만 관심이 있는 '모호한 수수께끼'라고 부르며 도시의 역사가 도시를 구속한다면 도시는 가장 위대한 자산인 '개발 능력'을 잃게 된다고 지적했다. 글레이저 교수는 "우리가 사는 도시에서 가장 아름다운 과거의 흔적들을 보호하는 것은 가치가 있지만 도시가 방부 처리된 호박 화석처럼 되어서는 안 된다. 지나친 보존은 도시가 그곳의 거주자들을 위해서 더 새롭고 크고 나은 건물을 제공하는 것을 막는다"고 우려했다.

위기를 기회로 바꾸는 도시

주먹만 한 우박이 내리더니 뉴욕 '자유의 여신상'이 횃불을 든 손만 남긴 채 눈에 묻혀 버린다. 지구 온난화로 빙하가 녹으면서 바닷물이 차가워지고 해류 흐름이 바뀌면서 지구 곳곳의 도시들이 빙하로 뒤덮인다. 공상과학SF 재난영화 〈투모로우〉의 한 장면이다.

2016년 초 미 북동부 도시들을 마비시킨 눈폭풍과 한국에 몰아닥친 한파는 영화 〈투모로우〉를 떠올리기에 충분했다. 미래도시가 마주하고 있는 가장 큰 재난은 기후변화로 인한 것이다. 도시로의 인구·시설 집약도가 높아질수록 기후변화로 인한 피해도 확대되는 추세다.

미래의 도시는 예측하지 못한 내·외부적인 충격, 즉 위기를 기회로 전환할 수 있는 역량을 가지고 있어야 한다. 위기에 대한 회

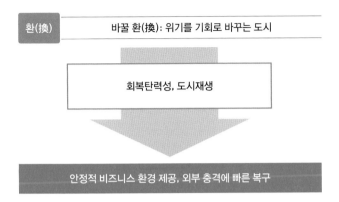

환(換)	바꿀 환(換): 위기를 기회로 바꾸는 도시

회복탄력성, 도시재생

안정적 비즈니스 환경 제공, 외부 충격에 빠른 복구

복탄력성Resilience을 가진 도시가 미래의 글로벌 중심 도시로 부상할 가능성이 높다. 기후변화에 따른 자연재해는 도시에 물리적인 피해를 입힐 뿐 아니라 도시 성장에 필수적인 기업활동을 저해하는 유해 요인으로도 작용한다. 2011년 전 세계 하드디스크드라이브HDD 생산량의 45%를 담당하는 태국을 휩쓴 홍수는 HDD 품귀 현상을 불러왔고, 이후 1년간 글로벌 HDD 가격은 최대 2배 폭등했다.

이를 종합하면 재난에 대비하는 미래도시의 모습은 곧 자기적응적 도시Self Adapting City다. 도시 전체가 재난 위험을 분담하고 재난 충격 흡수 능력을 지속적으로 스스로 키워 나갈 수 있을 때 미래 재난에 대한 안전도시가 될 것이란 의미다.

대부분의 기후변화는 규모가 증대됨에 따라 일회적인 방재 대책만으로는 모든 영향에 대처하기 어려울 것이므로 적응_{Adaptation}과 완화_{Mitigation}, 두 가지 정책을 균형 있게 추진할 것으로 예상된다. 적응이란 기후변화가 초래하는 피할 수 없는 부정적인 영향을 최소화하는 것으로, 피해에 대한 취약성을 감소시키고 복원력을 강화해 지속 가능한 지역사회를 건설하는 것이다. 완화란 지구 온난화를 유발하는 온실가스 발생원을 감소시키거나 온실가스 흡수원을 확충하는 것이다.

예를 들어 도시의 식목이나 옥상녹화 등과 같은 도시 정책들은 적응과 완화 두 가지 목적을 동시에 달성한다. 반면 도시 열섬 현상을 해결하기 위한 에어컨 사용은 중요한 적응 전략일 수는 있지만 완화 측면에서 부정적인 영향을 초래할 수 있다. 따라서 완화와 적응 전략 간의 밀접한 상호관계를 잘 이해하면서 통합적인 정책을 만드는 것이 매우 중요하다.

도시의 회복탄력성은 낙후되고 병든 지역을 다시 살리는 '도시재생'에서도 필요하다. 런던 시내 많은 낙후 지역들은 고층 건물이 아니어도 다양한 도시재생 프로젝트로 인해 새롭게 바뀌고 있다. 런던 동쪽에 위치한 쇼디치_{Shoreditch} 지역은 그야말로 '거리예술의 산실'로 거듭난 곳이다. 이곳은 원래 낙후되어 '빈민가와 폐허'를 의미하는 지역이었다. 당연히 임대료가 낮았으며 그 덕에 이민자가 많이 모여들었다.

'브리티시 드림'을 안고 찾아오는 다양한 이민자들 간 소통과 공동학습, 연결이 새로운 도시 콘텐츠를 만들어 냈다. 이제 쇼디치 임대료는 런던 도심 지역을 능가한다. 가난한 예술가들은 이곳을 떠나 런던 외곽으로 밀려 나가기도 한다. 개발과 함께 원주민이 주변부로 쫓겨나는 젠트리피케이션이 이곳에서도 나타나고 있는 것이다. 그러나 이 지역 주민들은 젠트리피케이션의 부작용을 인정하면서도 그 효과를 자랑스러워한다. 이 지역 가치가 크게 상승했기 때문이다. 높은 임대료에도 불구하고 이 지역은 유럽 전역에서 꿈을 안고 기회를 찾아 모여드는 많은 젊은이들로 여전히 북적이고 있다.

미래도시 운명은 사람이 좌우

런던의 도시개발에 대해 의견을 나누고 있는 이원복 덕성여대 총장(왼쪽)과 김현아 명예기자.

　런던의 핵심 경쟁력은 '영어, 금융, 여왕'이라고 그들 스스로 말한다. 해가 지지 않던 대제국 영국이 영어를 세계에 퍼뜨렸고 20세기 들어 미국이 초강대국이 되면서 이제 영어는 부동의 국제어로서 반드시 배워야 하는 필수 언어가 되었다. 영어를 모국어로 쓰고 있으니 가만히 있어도 영어를 배우러 전 세계에서 몰려오고, 모든 비즈니스가 영어로 이루어지니 영어로 얻는 영국과 런던의 혜택은 그 가치를 측정하기조차 어렵다.

　런던은 뉴욕과 더불어 세계 금융의 중심이고 54개 영연방 국가들의 실질적인 종주국이다 보니 세계의 유수한 은행, 보험회사들의 본사가 런던에 자리 잡고 있고 자연히 세계 금융이 런던을 중심으로 움직일 수밖에 없다. 이는 곧 런던이 세계 금융을 장악하고 있으며 세계의 돈이 런던으로 몰리고 있다는 얘기다.

'여왕'이 상징하는 것은 영국의 역사와 전통이며 브리튼 왕국의 브랜드 그 자체이다. 이 브랜드는 영국의 식민지 진출과 함께 널리 인지되고 또 공인된 것으로 영국 여왕은 셰익스피어와 함께 영국을 최고의 문화국가로 격상시키는 존재가 된다. 그 어떤 나라, 그 어떤 도시도 이런 고유하면서도 경쟁할 수 없는 혜택을 누리지 못한다. 런던은 영어, 금융, 여왕이라는 핵심 경쟁력을 기본으로 자신의 단점을 장점으로 만들고 장점을 극대화하는 능력이 있다.

도시에는 볼거리, 먹을거리, 즐길 거리가 풍성해야 사람들이 모이고 시민들이 행복하다. 영국은 원래 식문화가 열악하여 영국 요리는 유럽에서 요리로 쳐주지도 않는다. 또 지구 온난화 전에는 영국에서 와인도 생산되지 않았다. 그러나 자신에게 없기에 세계에서 가장 좋은 음식을 골라 사 먹을 수 있었고 가장 좋은 와인을 수입해 마셨다.

그래서 런던은 세계 각국의 다양하고 훌륭한 음식을 마음껏 즐기기에 가장 좋은 도시이다. 세계 최고의 와인평론가들도 대부분 영국인이다. 자신에게 없기 때문에 오히려 남들보다 다양하게 즐길 수 있게 된 도시가 런던이다. 런던에서 구할 수 없는 것은 전 세계 어디서도 구할 수 없다는 말이 나오는 이유다. 또한 세계 최

고의 뮤지컬, 연극, 연주회 등 즐길 거리가 얼마든지 있으며 비싸
기는 해도 쇼핑의 즐거움을 만끽할 수 있는 도시가 런던이다.

런던은 다른 도시와 확연히 다른 자신의 정체성을 가지고 있
다. 파리의 에펠탑, 뉴욕의 자유의 여신상과 마천루들, 로마의 콜
로세움 등 확실한 도시의 심벌과 캐릭터, 즉 정체성이 중요하다.
런던은 런던 타워, 타워 브리지, 런던 아이London Eye 등 런던을 상징
하는 분명한 심벌이 있고 검정색 런던 캡(택시), 빨간색 2층 버스,
절대로 뛰지 않는 런던 밥(경찰관), 서민들의 애환이 서린 펍Pub 등
뚜렷한 도시 색깔이 있다.

런던에서는 역사와 그곳에 사는 사람들의 숨결이 느껴진다. 앤
불린이 참수된 런던 타워, 넬슨 제독이 영면하는 세인트 폴 대성
당, 왕의 대관식과 왕족의 결혼식이 거행되는 웨스트민스터 사
원, 〈애수〉라는 영화의 무대가 된 워털루 브리지, 처칠 동상이 응
시하는 종탑 빅 벤, 그리고 아랍 부호들이 문을 닫아걸고 싹쓸이
쇼핑을 한다는 해러즈백화점 등등 이루 헤아릴 수 없는 많은 스
토리가 런던에 녹아 있다.

그러나 런던의 가장 중요한 경쟁력은 바로 사람과 제도이다.
영국 대학 졸업자 전체의 25%가 런던에 직장을 가지고 있고 런
던의 생산인구의 55%가 대학 교육을 받았다. 이처럼 런던은 금
융, 기업뿐 아니라 우수 인력까지 무한 흡입한다. 인재와 더불어

런던의 가장 큰 경쟁력은 규제와 간섭이 없다는 것이다. 모든 것을 시장경제에 맡기고 정부는 규제 대신 지원을 중점적인 업무로 한다. 영국의 법인세는 20%로 유럽에서 가장 낮은 수준이며 이를 18%로 낮추는 정책을 추진하고 있다고 한다.

런던의 경쟁력은 이렇게 영어, 금융, 여왕이란 고유의 장점 외에도 우수한 인재들을 대거 흡입하여 기업이 마음껏 자유롭고 창의적으로 활동할 수 있도록 보장하고 규제의 장벽을 헐어 주는 데에서 나온다.

서울은 런던이 가지고 있는 '세계의 중심'이라는 강점은 없다. 더구나 한국어는 한국인들에게 제한된 언어로 세계화가 되지 않았고 서울에 본사를 둔 글로벌 기업도 드물다. K팝을 중심으로 하는 한류는 문화적 흡인력은 있으나 이것이 곧 경제적, 외교적 역량으로 직결된다는 보장도 없다. 또 분단국가라는 현실과 북한이라는 예측 불가의 위협이 존재한다는 점 등 많은 불리함을 안고 있는 것이 사실이다.

그러나 세계에서 유일하게 원조를 받던 나라에서 원조해 주는 나라, 경제 성장과 민주 발전을 동시에 이룩한 나라로 서울과 한국에 대한 세계의 인식이 날로 향상하고 있는 것도 사실이다. 그래서 서울은 앞으로 세계인의 큰 관심을 끌 수 있는 가능성을 얼마든지 보유하고 있는 나라의 수도이다.

이제 남은 것은 각종 규제를 풀고 기업과 투자자에게 혜택과 자유를 주어 서울을 매력적인 투자 대상으로 만들어 가는 것이다. 이처럼 글로벌 투자에 유리한 조건을 제시하여 국제적 신뢰를 쌓아 간다면 우선 동아시아의 허브, 나아가 세계적인 투자처로 발전할 수 있다. 이를 위해 가장 중요한 전제조건이 한국인, 특히 서울시민들의 글로벌한 마인드와 행동으로 과감하게 마음을 여는 것이다. 미래도시의 운명은 결국 사람에게 달렸다.

CHAPTER 02

글로벌 도시는 지금

도시대전의 최대 격전지,
아시아

아시아는 21세기 글로벌 도시대전의 최대 격전지가 될 전망이다. 경제협력개발기구OECD에 따르면 아시아는 인구 100만 명 이상 도시가 2000년 193개에서 2025년 309개로 늘어나게 된다. 특히 글로벌 비즈니스의 격전지가 될 대도시일수록 경쟁은 더욱 치열해질 것으로 예상된다. 아시아에서 기업과 전문인력을 유치하기 위한 글로벌 도시 전쟁의 선두는 싱가포르다. 2000년대 초반까지 인구 400만 명을 유지하던 싱가포르는 적극적으로 인구 유입 정책을 펴며 현재 인구 550만 명을 유지하고 있다. 싱가포르 정부가 생각하는 적정 인구는 800만 명이다. 국내 내수경제가 유지되고 교육, 복지, 의료가 제대로 작동하기 위한 '규모의 경제'를 실현하기 위해서다.

싱가포르는 2000년대 중반부터 '지식 기반 경제'로 전환해 경

아시아 주요국의 도시 규모 변화

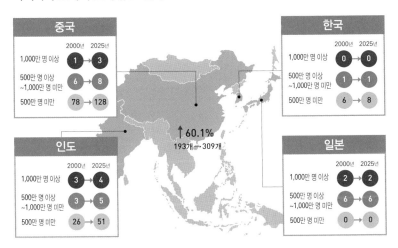

*100만 명 이상 도시 기준으로 선정

자료: OECD, 삼정KPMG경제연구원

쟁력을 높이기 위해 해외 전문인력을 적극적으로 받아들이고 있다. 싱가포르는 해외 인력을 위한 주택 정책으로 'SHIFT_{Scheme for Housing of Foreign Talent}'를 운영하고 있다. 기업 관련 고소득자 외에 교수나 연구원 등 지식정보 관련 인력을 대상으로 SHIFT를 운영해 임대주택을 제공한다.

SHIFT는 1997년 싱가포르 정부 산하 기관인 JTC_{Jurong Town Corporation, 주롱도시공사}에 의해 시작됐으며 자격 요건이 되면 외국인은 싱가포르 정부 임대아파트에 낮은 가격으로 입주할 수 있다. 독신에서 가족 단위 외국인까지 개별 자격 요건에 따라 입주 가능한 주택이 다양하고, 선호 요인과 개인 여건에 따라 임대주택 선택 폭이 넓은 편이다. 아울러 외국인 주택 구입을 권장해 금융 지원도 이루어지고 있다.

최근 아시아 헤드쿼터 유치 전쟁에 가장 적극적인 나라는 일본이다. 이민에 대한 사회적 반감이 큰 일본에서는 다국적 기업 아시아 지역본부를 유치하는 방향으로 인구전쟁에 참전하는 중이다. 일본 정부는 이를 위해 시부야, 신주쿠, 롯폰기 등 도쿄 도심 지역을 '아시아 헤드쿼터 특구'로 지정하고 외국인 체류 자격 심사 기간 단축, 설비투자 세금 감면, 은행 대출 이자 지원, 국제학교 설비 투자 등을 지원하고 있다.

중국은 역량을 가진 글로벌 전문인력을 유인하기 위해 세금, 보험, 주택, 자녀와 배우자 정착, 커리어 개발 등을 위한 혜택을 제공하고 있다. 중국은 제조업 중심에서 세계를 혁신, 창조하는 선두 국가로 나아가는 목표를 달성하기 위해 2020년까지 현재 고급 기술인력 1,140만 명을 1,800만 명 수준으로 늘린다는 계획이다.

홍콩은 중국, 미국, 일본에서 많은 전문인력이 유입되는 도시다. 유입되는 인구 중 가장 많은 직업군은 고위 중역, 판매부서장, 중간관리자다. 하지만 최근 홍콩 고용주들은 홍콩에 대한 중국의 영향력이 강해지면서 해외 전문인력이 홍콩을 떠나는 것을 두려워하고 있다. 해외 전문인력들이 도시의 경제와 성장에 큰 영향을 미치기 때문이다.

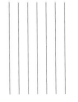

중국과 인도의
똑똑한 도시 경쟁

　스마트시티 추진 목적은 각국의 상황에 따라 다르게 나타나고 있다. 아시아나 아프리카 등 개발도상국은 경쟁력 있는 신도시를 구축하거나 기존 도시에서 발생하는 환경오염, 범죄 등 도시 문제를 해결하는 관리적 차원에서 스마트시티 건설을 추진하는 중이다. 유럽, 북미 등 선진국은 탄소 배출과 같은 환경 문제 해법을 스마트시티에서 찾고 있다.

　중국은 스마트시티 건설에 적극적으로 나서고 있다. 국토연구원에 따르면 중국 정부는 2020년까지 전국에 스마트시티 500개를 건설하기 위해 총 사업비 1조 위안(약 182조 원)을 투자할 계획이다. 급격한 경제 발전에 따라 대규모 인구가 도시로 유입되면서 생기는 각종 문제와 도시 내 계층 간 경제적 격차도 스마트시티 건설로 해결하려는 포석이다.

대륙별 스마트시티 추진 비교

구분	선진국(유럽 등)	개발도상국(아시아 등)
정책 방향	온실가스 배출 수준 감축	경쟁력 있는 신도시 구축
주요 대상	도시 인프라 개량	신도시 구축
주요 추진 분야	환경, 에너지, 교통 등	교통, 방범
주요 추진 주체	민관 협력	공공 주도

중국은 개혁개방 이후 짧은 시간에 급격한 도시화가 진행됐다. 1990년대 약 26%에 불과했던 도시화율이 현재는 50%를 넘어선 데다 매년 1,000만 명 이상 인구가 도시에 새로 유입되고 있다. 인구학자들은 2050년쯤이면 중국의 도시화율이 70%를 넘어설 것으로 예측한다. 중국의 급격한 도시화는 각종 인프라 시설과 에너지 부족 문제는 물론 미세먼지 발생량 증가 등 극심한 환경오염을 발생시키고 있다.

중국은 내수경제 활성화를 위한 방안으로도 스마트시티를 활용할 계획이다. 중국의 빠른 경제 성장으로 전체 경제 수준은 올라갔지만 중국 내 계층 간 그리고 도시 간 경제적 격차가 점점 커지면서 경제적 균형을 이루기 위해 내수경제 활성화가 절실하게 필요해졌다. 중국 상위 1%가 전체 자산의 3분의 1을 차지하고 있으며 중국 내 최상위 지역과 최하위 지역 간의 격차는 약 70배 정도에 달한다.

중국 스마트시티 주요 시범사업

보안 시스템 및 인프라	운영 시스템	계획 및 실행 방안, 조직 설계, 정책 및 규정, 자금 활용, 시스템 운영 관리
	네트워크 인프라	무선 네트워크, 광대역 네트워크, 차세대 방송
	공동 플랫폼 및 데이터베이스	도시 공공 기반 데이터베이스, 정보 보안, 도시 공공 정보 플랫폼
스마트시티 건설 및 거주	도시 건설 및 관리	도시계획 수립, 디지털 도시 관리 방안, 건설시장 관리 법률, 부동산 관리, 조경 관리, 역사와 문화 보호 방안, 그린빌딩, 건물 에너지 효율화 방안
	도시 기능의 향상 방안	상하수도 시스템, 수자원 활용 방안, 가스 시스템, 폐기물 분류 및 처리 시스템, 조명 및 열처리 시스템, 지하 파이프라인 및 공간 통합처리
스마트 관리 및 서비스	정부 서비스	의사결정 효율화 방안, 정보 공개, 온라인 업무 처리, 행정 서비스 시스템
	공공 서비스	공공 교육, 노동법 서비스
	특별지원 서비스	지능형 교통, 에너지 관리, 환경 및 토지 관리, 응급 서비스, 보안, 물류, 사회안전망, 스마트 홈, 결제 서비스, 지능형 금융
산업 및 경제 스마트화	산업 계획	산업 계획 및 혁신 투자
	산업 발전	전통산업 요소 변화
	신산업 개발	첨단산업, 현대 서비스산업, 기타 신흥산업

자료: 국토연구원

　　인도 정부는 2014년 총선에서 당선된 나렌드라 모디 총리가 핵심 공약으로 2022년까지 인도 내 스마트시티 100개를 건설하겠다고 발표하면서 세계적으로 이목을 끌었다. 인도는 그 첫걸음으로 2015~2016년까지 스마트시티 개발 사업에 약 11억 8,000만 달러(약 1조 4,300억 원)의 예산을 편성했다. 향후 5년간 중앙정

인도와 선진국 간 스마트시티 협력 내용

미국	2015년 1월 인도와 3개 스마트시티 개발 협력 합의 - 태스크포스 구성 및 개발 로드맵 마련 - 우타르프라데시, 안드라프라데시, 라자스탄 주의 3개 도시개발 협력
독일	2015년 1월 인도와 3개 스마트시티 개발 협력 합의 - 양국 공동위원회 조성 및 3개 스마트시티 선정 추진 - 2015년 4월 독일에서 개최된 도시개발 콘퍼런스에 인도 대표단 초청
스페인	2015년 2월 델리 스마트시티 개발 협력 합의 - 스마트시티 마스터플랜 개발 협력 합의 - 바르셀로나 스마트시티 개발 경험 공유 제안 - 고속철도, 인프라, 신재생에너지 분야 협력 희망
일본	델리·뭄바이 산업회와 6개 스마트시티 개발 주도 2014년 8월 교토를 벤치마킹하여 인도 바라나시를 관광 스마트시티로 개발하는 데 합의

자료: 국토연구원

부의 예산 중 약 75억 달러(약 9조 원)를 투자할 계획이다.

인도 정부는 구체적으로 인구 400만 명 이상의 9개 대규모 도시를 위성 스마트시티로 조성하고 100만~400만 명의 44개 중규모 기존 도시를 스마트화하며 100만 명 이하의 20개 도시를 소형 스마트시티로 추진해, 종교·관광 특구 목적으로 스마트시티를 10개 이상 개발할 목표를 세웠다. 인도는 중앙정부 예산만으로 스마트시티 사업을 추진하기에는 역부족이라 해외 투자도 적극적으로 도입하는 중이다. 외국인 직접투자FDI에 대한 최소 규모를 5만 ㎡에서 2만 ㎡로, 최소 자금 기준을 1,000만 달러(약 120억 8,000만 원)에서 500만 달러(약 60억 4,000만 원)로 축소했다. 국토연구원에 따르면 한국을 비롯해 미국, 일본, 중국, 싱가포르,

이스라엘, 영국, 프랑스, 독일, 스페인, 네덜란드, 스웨덴, 남아공, 호주 등 14개국이 인도의 스마트시티 사업 투자를 검토·계획 중이다.

일본은 2011년 발생한 동일본 대지진과 후쿠오카 원전 사고 등 대규모 재해를 겪으면서 스마트시티를 본격적으로 연구하기 시작했다. 동일본 대지진 이후 일본 내에서 전력 수급 확보 방안을 마련하는 것이 시급해지면서 에너지 관리 시스템을 적용한 스마트시티가 새로운 도시 모델로 떠올랐다. 또 온실가스 배출량 감소, 초고령화 문제에 대응하기 위한 목적에서도 스마트시티를 개발하고 있다.

경제 성장, 도시 효율화를 위해 스마트시티를 구축하고 있는 중국, 인도와 달리 유럽연합EU은 온실가스 배출 문제 등 환경 문제 해결에 무게중심이 쏠려 있다.

스페인 바르셀로나는 친환경 에너지를 활용하거나 도시 에너지 사용량을 줄일 수 있는 방안 중심으로 스마트시티 사업을 구축하는 중이다. 구체적으로는 거리 가로등을 발광다이오드LED로 교체하고 동작인식 기능을 활용해 필요할 때만 가로등이 작동하는 '스마트 라이트닝Smart Lightning'을 2012년 도입해 연간 전력 소비량을 최소 30% 줄었다. 바르셀로나는 또 관개시설을 원격으로 조정하는 '스마트 워터 시스템', 태양열과 쓰레기 소각 에너지 등을 활용해 물을 데우거나 지중해 바닷물을 빌딩 냉각 등에 사용하는 '디스트릭트 히팅 앤드 쿨링District Heating and Cooling' 방식 등이 적용된 똑똑한 도시로 탈바꿈하고 있다.

네덜란드 암스테르담은 EU 최초로 스마트시티를 추진한 도시다. 암스테르담은 2025년까지 1990년 기준으로 암스테르담 발생 연간 탄소 배출량을 40%, 연간 에너지양을 20% 절감하겠다는 목표를 세우고 스마트시티 사업을 벌이고 있다.

직주일체를 꿈꾸는
일본 도라노몬

세계 주요 도시는 콤팩트시티 만들기에 열을 올리고 있다. 요즘 도시마다 대형 타워 크레인이 솟아 있는 풍경이 흔해진 이유다. 도쿄는 도시재생 사업의 일환으로 콤팩트시티 건설에 나서고 있다.

도쿄 미나토구 도라노몬 일대는 준공된 지 30년이 넘은 중소형 빌딩이 많고 중년 샐러리맨들이 자주 찾으면서 중후한 도시이미지가 생겨 '아버지의 거리'로 불린다. 이면도로엔 쇼와 시대(1926~1989)의 흔적을 엿볼 수 있는 골목길과 건물들도 꽤 있다.

도라노몬이 요즘 향후 10년 이내 도보 10~15분 거리에 집과 회사, 병원을 비롯한 각종 편의시설, 공원 등을 총망라하는 초고층 콤팩트시티로의 변신을 꾀하고 있다. 일본 정부의 '도쿄 아시아 헤드쿼터 전략'에 따라 2014년 국가전략특구로 지정되면서 직장

직주일체형 콤팩트시티로 변신 중인 도라노몬 일대. 가운데 건물이 최고 52층 도라노몬힐스다. 모리빌딩은 2020년까지 이 일대에 고층 복합건물 3~5개를 짓는다.　　　　　사진: 모리빌딩

과 주거가 근접한 직주근접職住近接에서 한 발 더 나아가 '직주일체職住一體'가 가능한 새로운 글로벌 비즈니스 타운으로 탈바꿈하는 것이 목표다.

일본 간판 디벨로퍼인 모리빌딩이 지난 2014년 6월 도라노몬 지역에 준공한 도라노몬힐스(247m)가 이 지역 초고층 복합빌딩 건설의 기폭제가 됐다. 도라노몬힐스 맞은편에는 일본도시재생기구UR가 도라노몬병원과 국립인쇄국공장, 교도통신회관빌딩을 하나로 묶어 고층 오피스빌딩(179m)과 외국인이 이용하기 편리하도록 영어로 진료하는 국제병원(99m)을 짓는 재개발 사업이 시작됐다.

국내외 거물급 정재계 인사들이 즐겨 찾았던 '호텔 오쿠라 도쿄 본관'도 펜스를 치고 철거 작업이 한창이다. 10층짜리 건물은 오는 2019년 호텔과 오피스가 결합한 고층 빌딩(41층, 195m)과 호텔(13층, 85m)로 재건축되고 전체 부지 중 절반(1.3ha)에는 녹지가 깔린다. 도라노몬힐스 바로 옆 빌딩은 185m 높이의 건물로 재건축되며 아래층에는 대형 버스터미널과 공원(1,200㎡), 총 길이 370m 지하 보행통로가 각각 조성될 예정이다.

이 일대엔 이미 도보권에 지하철역 2개가 있지만 2022년 새로운 역이 추가로 뚫린다. 이 지역 맹주 격인 모리빌딩은 도라노몬과 인근 롯폰기에서 도쿄 올림픽이 개최되는 2020년까지 도라노몬힐스와 같은 초고층 복합빌딩 3~5개를 선보일 예정이다. 보행자 도로는 최대 폭이 13m에 달해 양옆으로 오픈 카페를 배치하는 '샹젤리제 프로젝트'가 추진되며 걷기 좋은 도시로 변신하는 중이다.

뉴욕 맨해튼은 스카이라인이 또 한 번 바뀌고 있다. 현재 300m가 넘는 빌딩은 4개이지만 2020년까지 16개가 추가로 준공될 예정이다. '111웨스트57스트리트(438m)'와 '센트럴 파크 타워(541m)' 등 상당수가 400m 이상의 마천루로 설계된다. 런던도 2012년 샤드(309m) 준공 이후로 고층 빌딩 건설 붐이 일고 있다. 사람이 몰리면서 지가와 임대료가 급등하자 고층 빌딩 건축 규제를 과감히 풀었다.

싱가포르는 마리나베이샌즈가 있는 마리나베이지구 남부에 오
피스(130m)와 맨션(200m)으로 구성된 복합개발 '마리나 원'을
2017년 완성할 계획이다. 수직도시 홍콩도 2030년 인구가 840만
명까지 계속 불어나면서 중심업무지구 오피스와 주택 수요를 충
당하기 위해 전철역과 오피스, 호텔, 쇼핑몰을 몽땅 넣은 초고층
대형 복합개발에 관심이 높다.

방재도시
브라질 리우데자네이루

과거 다양한 재해로 타격을 입은 경험이 있는 글로벌 도시들은 미래도시가 나아가야 할 방향으로 '충격에 강한 도시', 즉 각종 재난에도 유연하게 대응하는 회복탄력성이 높은 도시를 만들기 위해 노력하고 있다.

IBM의 브라질 리우데자네이루 지능형 운영센터IOC는 위기를 기회로 바꾼 방재도시 계획의 성공 모델로 꼽힌다. 2010년 리우데자네이루에 홍수와 산사태가 일어나 수백 명이 사망하고 수천 명의 이재민이 발생하자 브라질 정부는 1,400만 달러(약 169억 원)를 들여 그해 12월 IBM과 손잡고 지능형 운영센터를 구축했다. 이는 30여 개의 재난 관련 기관 정보를 단일 체제로 통합 관리하고, 도시 곳곳에 센서와 400여 개의 CCTV를 설치해 24시간 도시 상황을 모니터링해 재해를 예방하고 문제가 발생할 때 신속히

브라질 정부가 2010년 1,400만 달러를 들여 IBM에 의뢰해 마련한 리우데자네이루 '지능형 운영센터'.

사진: IBM

대응하는 시스템이다.

　IBM 과학자들이 개발한 고해상도 날씨 예측 시스템은 폭우를 48시간 이전에 예측한다. 강 유역의 지형 측량 자료, 강수량 통계, 레이더 사진 등의 데이터에서 추출한 통합 수학적 모델에 기초해 강수량과 갑작스러운 홍수도 예측한다. 자동경보 시스템도 마련해 홍수나 산사태 예측에 변동이 생기면 관련 공무원과 긴급대응 팀에 정보를 통보한다. 일본은 일어날 수 있는 모든 재해 상황에 대한 피해를 최대한 줄이는 종합 재난 대책인 '방재도시 만들기 계획(방재 마치즈쿠리ま ち づ く り)'을 수립했다. 이는 지난 1995년 한

지반 높은   건물 층수

최대 침수 수심   각 건물의 침수 상황

GIS를 이용한 지역 현황 분석 및 시뮬레이션.   자료: 국토연구원

신 아와지 대지진으로 많은 인명과 재산 피해를 입자 인구가 밀집한 시가지에 맞춘 방재 대책을 수립할 필요성이 대두됐기 때문이다. 특히 당시 대지진 상황에서 일찌감치 도시 계획 단계부터 방재 계획을 만들었던 지역이 상대적으로 피해가 적었던 데 착안했다.

주로 중앙부처가 일방적으로 주도해 대책을 만드는 기존 방식과는 달리 도쿄도 가쓰시카구는 주민들로 구성된 지역연합 자치회와 비영리조직NPO, 재난 전문가 등이 각종 워크숍을 통해 성공적인 방재 시스템을 구축했다. 이 지역은 해수면보다 낮고 무분별한 천연가스와 지하수 채취로 생긴 지반 침하 탓에 지진 발생 등으로 제방이 무너질 경우 주변 지역 최대 76㎢가 최고 5m까지 침수될 수 있다는 충격적인 예측이 나왔다. 이후 주민들이 중심이 돼서 지리정보시스템GIS을 이용한 침수 상황 시뮬레이션을 토대로 재해 상황 시 대피할 수 있는 장소와 비축 물자 등 지역 주변에 분포한 방재 자원을 찾아 리스트화했다. 또 주민들이 내놓은 각종 기존 대책에 대한 문제점과 해결 방안을 도시기본계획에 반영한 결과 가쓰시카구는 일본에서 가장 안전한 도시로 손꼽히게 됐다.

"

콤팩트시티로
친환경 녹지공간 조성

"

  아시아 헤드쿼터를 꿈꾸는 도쿄의 미래 도시상은 콤팩트시티다. 옆으로 흩어져 있는 도시의 기능을 한곳으로 모으기 위해 중앙은 초고층 복합 빌딩으로 짓고, 이 과정에서 생기는 여유 부지에 녹지와 보행 공간을 조성하는 식이다.

  이치카와 히로오 모리기념재단 도시전략연구소장은 과거에는 사람들이 도시 밖으로 빠져나가면서 도시가 확장됐지만 미래엔 도심회귀 현상이 두드러지면서 도시가 압축될 것으로 예상한다. 저출산·고령화로 전체적으로 인구가 감소하면서 외곽 지역이나 지방 중소도시는 사람이 줄지만 반대로 도시는 사람이 몰릴 가능성이 높다. 복지 등 지출 증가로 정부·지자체의 재정 여건이 더욱 빠듯해지는 상황에선 도시 공간을 확장하기보다 최대한 압축해

관리하는 것이 효율적이라는 것이다. 도시 공간이 옆으로 퍼질수록 도로 등 기반시설을 깔아야 하며 이 과정에서 녹지 등을 훼손하고 사람들은 수평이동 거리만 늘어나 여러모로 낭비되는 요소가 발생한다.

사실 20년 전 도쿄에서는 콤팩트시티에 대해 염려하는 목소리가 높았다고 한다. 도시를 지금보다 압축하기 위해 고층 빌딩을 늘리면 도시가 더 혼잡해지고 경관을 해치며, 에너지 낭비인 데다 무엇보다 저성장 시대에 건물 연면적이 늘어나면 부동산 가치가 하락한다는 것이다.

하지만 이 같은 우려는 정부가 도시재생특별법과 국가전략특구 등을 통해 규제 완화에 나서고 민간이 고층 복합 빌딩을 짓는 등 마을 만들기에 적극 참여하면서 도시에 활기가 돌자 기우로 바뀌었다. 2020년 도쿄 올림픽 개최가 동기를 부여한 측면도 있지만 도시의 재생 능력을 키우고 더 나은 도시 공간을 만들자는 분위기가 형성되고 있다. 특히 유능한 기업과 인재를 끌어들이려면 새로운 공간을 창조해야 하고, 도쿄가 역동적으로 변신해야 한다는 의지가 정부·지자체는 물론 기업과 시민 등 민간에서 어느 때보다 강하다.

과거 빌딩은 오피스 일색이었지만 미래엔 '인텔리전트 건물'로 진화하고 있다. 오피스는 기본이고 맨션, 호텔, 컨벤션·전시장, 상업시설, 비즈니스 지원센터 등 다양한 기능을 한 건물에 복합적으로 집어넣고 있다. 건물이 하나의 거점 역할을 하며 지상은 물론 지하에 보행자 도로가 깔리고 지하철 등 대중교통으로 거미줄처럼 촘촘히 연결돼 이동하는 데 자동차가 필요 없게 된다. 빌딩이 오피스 기능만 하던 시절엔 밤이나 휴일에 직장인들이 신도시 등 외곽에 있는 집으로 썰물처럼 빠져나가 썰렁했지만 미래엔 국내외 관광객까지 가세해 365일 24시간 사람들로 북적거리게 된다.

일각에서 서울은 이미 어느 정도 콤팩트시티라는 의견이 있지만 도쿄 등 글로벌 시각에서 보면 그렇지 않다. 콤팩트시티는 공간 부족 등으로 집값이 올라 교외에 살면서 매일 아침저녁으로 차량을 이용해 수십 ㎞를 수평 이동하고, 교통정체 때문에 차 속에 갇혀 있는 게 아니라 사람들이 가까이 모여 살면서 쉽게 걸어서 출퇴근하고 도심의 공원 등에서 자연을 즐기는 도시이다. 서울이 과연 그런 도시인지 따져 보면 답은 간단하다.

도쿄와 싱가포르, 홍콩 등 세계 주요 도시가 추진 중인 콤팩트시티는 도시재생의 일환이지만 민간 투자를 촉진하는 전면 철거식 재개발 성격이 짙다. 서울이 콤팩트시티에 대해 걱정한다면 어쩌면 십수 년 전 도쿄와 같은 고민을 하는 것일 수도 있다는 게 이치카와 소장의 진단이다.

콤팩트시티가 성공하려면 민간과 공공이 손발을 잘 맞춰야 한다. 특히 민간의 지혜가 중요하다. 미래도시에 대한 수요는 민간이 제일 잘 알기 때문이다. 정부와 지자체는 재정 압박이 있고, 무엇보다 미래도시는 기존의 틀을 깨는 창조성과 상상력이 필요한데 관이 이런 허들을 뛰어넘기 쉽지 않은 것도 또 다른 이유다. 하지만 민간의 힘만으로는 역부족이다. 공공이 기존 규제를 유연하게 바꾸거나 풀어 줘야 도시가 변할 수 있어서다. 민간이 앞장서고, 공공은 뒤에서 밀어주는 민관협력 모델이 구축돼야 도시가 지속적으로 성장하고, 창생創生이 가능하다.

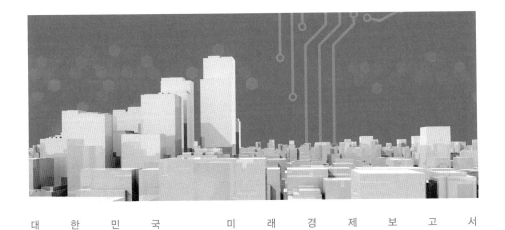

CHAPTER **03**

한국 도시의 현실

글로벌 기업 헤드쿼터 서울엔 단 2개뿐인 이유는

　　2015년 6월 세계 2위 반도체 장비업체인 램리서치는 인천에 물류창고를 건설하려다 대만으로 방향을 틀었다. 램리서치는 아시아 시장 확대를 노리고 인천을 입지로 고려했지만 외국 업체라는 이유로 부가가치세를 물어야 하는 점을 문제 삼았다.

　　앞서 다국적 제약기업인 글락소스미스클라인GSK은 아시아 시장 진출을 위해 한국, 싱가포르, 대만, 인도 등을 검토한 후 경기도 화성시에 생산시설을 짓기로 결정했다. 그러나 전남 화순 제약단지로 공장 위치를 이동해 설립할 것을 요청받자 GSK는 결국 국내 투자를 포기하고 싱가포르에 10억 달러(약 1조 2,000억 원) 규모의 백신 공장을 설립해 대규모 백신을 생산하고 있다.

　　일자리 창출과 경기 부양을 위해 글로벌 기업을 유치하려는 도시 간 소리 없는 전쟁에서 한국의 도시들이 경쟁력을 상실한 단

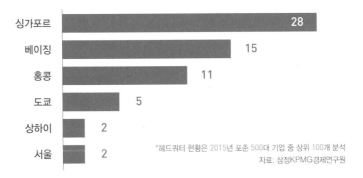

글로벌 기업 아시아 헤드쿼터 현황　(단위: 개)

싱가포르	28
베이징	15
홍콩	11
도쿄	5
상하이	2
서울	2

*헤드쿼터 현황은 2015년 포춘 500대 기업 중 상위 100개 분석
자료: 삼정KPMG경제연구원

적인 예다.

삼정KPMG경제연구원은 2015년 포춘 글로벌 500에 오른 상위 100대 기업을 대상으로 아시아 헤드쿼터 입지를 분석했다. 서울에 본부를 두고 있는 글로벌 기업은 현대자동차와 SK 2곳뿐이었다. 수원에 본사를 둔 삼성전자를 포함해도 싱가포르(28개), 홍콩(11개), 베이징(15개) 등 다른 아시아 주요 도시에 크게 못 미치는 수준이다.

글로벌 기업들이 입지를 결정할 때 가장 중요하게 생각하는 요소로 우수한 인재를 뽑을 수 있는 풍부한 노동시장이 꼽힌다. 우수한 노동력 확보가 기업 성장을 위한 필수 요소여서다. 싱가포르는 영어가 유창한 노동력을 상대적으로 쉽게 확보할 수 있고 지리적으로 아시아 중간에 있어 글로벌 기업의 아시아 지역본부 유치에서 선두를 달리고 있다.

아시아 주요 도시 글로벌 도시 경쟁력

도시	도쿄	홍콩	싱가포르	베이징	상하이	서울
순위	4	5	6	8	11	12

*세빌스 도시 경쟁력 순위는 모리지수, EIU지수, 커니지수 등 종합 자료: 세빌스

'삶의 질' 등이 포함된 도시 경쟁력 지표에서도 서울은 아시아 주요 경쟁 도시에 뒤처지는 것으로 나타났다. 부동산업체 세빌스가 모리지수, EIU지수, 커니지수 등을 종합한 세계 주요 도시 경쟁력 지표를 보면 런던, 뉴욕, 파리가 각각 1, 2, 3위를 차지했다. 이어 도쿄(4위), 홍콩(5위), 싱가포르(6위), 베이징(8위), 상하이(11위) 등이 올라 다른 아시아 도시들의 경쟁력이 서울(12위)을 앞서는 것으로 나타났다.

우리 정부도 글로벌 기업의 지역본부를 적극적으로 유치하자는 입장이다. 정부는 이를 위해 헤드쿼터 인정 제도를 도입하고 외국인 임직원과 기술자에 대한 소득세를 감면하는 등 맞춤형 인센티브를 제공하기로 했다. 외국인 임직원에 대해 소득에 상관없이 17%의 동일 세율을 적용하던 특례 조치가 2014년 종료됐지만 헤드쿼터에 근무하는 외국인 임직원에 대해서는 이를 지속적으로 적용하기로 한 것이 한 예다.

서울을 비롯한 한국의 도시들은 대부분 글로벌 도시로서 안정적으로 성장하기 위한 전환점에 들어섰다고 평가받고 있다. 삼정

KPMG경제연구원은 도시의 1인당 국내총생산GDP에 따라 세계 주요 도시의 발전 단계를 초기 단계→가속화 단계→안정적 성숙 단계로 나누고 단계별 특성을 정리했다. 도시 구성원의 1인당 GDP가 2만 달러 미만인 초기 단계에서 도시는 경제 성장을 이루기 위한 인프라 구축에 집중하게 된다. 8,700억 달러(약 1,050조 9,600억 원)의 카이로공항 사업 등 대형 인프라 프로젝트를 추진하는 이집트 카이로가 대표적인 예다.

다음으로 가속화 단계에는 도시로의 집중 현상으로 도시의 급속 팽창이 이뤄진다. 1인당 GDP 2만 달러 이상 4만 달러 미만의 중국 상하이, 광저우, 말레이시아 쿠알라룸푸르 등이 여기에 속한다. 마지막으로 1인당 GDP가 4만 달러를 넘어가는 도시들은 안정적 성숙 단계에 들어선다. 미국 샌프란시스코와 뉴욕, 영국 런던, 싱가포르, 홍콩이 대표적이며 이들 도시는 새로운 가치를 창출하기 위한 '삶의 질', '다양한 문화의 공존', '창업환경' 등이 중요한 경쟁 요소가 된다.

브루킹스 연구소에 따르면 서울 도시권(서울·인천)의 2014년 기준 도시 인구 1인당 GDP는 3만 4,355달러, 부산 도시권(부산·울산)의 1인당 GDP는 3만 8,602달러로 가속화 단계에서 성숙 단계로 전환하기 위한 목전에 서 있다. 전환 단계에 있는 도시들이 얼마나 차별화된 경쟁력을 갖추느냐에 따라 도시가 쇠퇴의 길로 접어드느냐 글로벌 도시로 발돋움하느냐가 판가름 나게 된다.

1인당 GDP에 따른 도시화 발전 단계

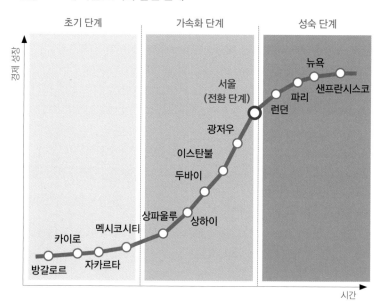

자료: 삼정KPMG경제연구원

1인당 GDP	특징 및 대표도시
4만 달러 이상	**성숙 단계** 도시의 효율성을 제고하고 새로운 가치를 창출하여 삶의 질을 높이는 도시 개념이 중요 대표도시: 뉴욕, 싱가포르, 홍콩, 런던, 프랑크푸르트 등
2만 달러 이상 4만 달러 미만	**가속화 단계** 도시로의 집중 현상, 주택 및 업무시설, 통신시설 등 각종 시설에 대한 수요 증가 대표도시: 타이페이, 나고야, 항저우, 광저우, 쿠알라룸푸르 등
2만 달러 미만	**초기 단계** 도시는 경제 성장을 이루기 위한 기반을 마련하기 위해 인프라 구축에 집중 대표도시: 보고타, 방콕, 청두, 자카르타, 카이로 등

자료: 브루킹스 연구소, 삼정KPMG경제연구원

U-City로 앞섰던 한국,
스마트시티 주춤거린 까닭은

송도국제신도시 인천경제자유구역청(G타워)에는 '유시티U-City 통합운영센터'가 있다. 주말에도 24시간 쉬지 않고 돌아가는 이곳은 정보통신기술ICT을 활용해 G타워에서 약 20㎞ 떨어진 청라지역의 방범·교통·화재 등을 24시간 모니터링하면서 도시를 똑똑하게 관리하는 컨트롤타워다.

임학수 인천경제자유구역청 U-City과 주무관은 "2016년 11월 송도 1~4구역과 영종지구 미단시티까지 관리할 수 있는 시스템이 마련될 예정이다. 인천경제자유구역청이 구축한 도시 관리 시스템을 배우고자 일본, 중국, 영국, 프랑스, 독일 등에서 1,000명 이상이 이곳을 다녀갔다"고 설명했다.

한국은 2000년대 초반 전국적으로 이 같은 세계 최고 수준의 정보기술IT 인프라 구축에 나서면서 스마트시티 초강대국으로 부상할 수 있는 잠재력을 갖춘 상태였다. 이때부터 이미 IT 인프라를 활용해 도시 문제를 해결하고 건설업과 IT산업을 융·복합해 미래 성장동력으로 마련하고자 스마트시티 전신으로 꼽히는 유시티 사업을 추진했다. 2008년 유비쿼터스도시의 건설 등에 관한 법률(U-City법)도 제정해 신도시를 건설할 때 도시통합운영센터, 자가통신망, 지능화된 시설 등을 적용해 스마트시티 강대국으로 나아가기 위한 기반을 다져 왔다.

경기도 화성 동탄을 시작으로 성남 판교, 파주 운정, 수원 광교, 김포 한강신도시 등 수도권을 중심으로 수도권 인구 과밀 해소와 주거 안정 기여를 목표로 하는 제2기 신도시들에 유시티 개념을 도입해 개발했다. 유시티 개념을 최초로 도입해 개발된 신도시인 화성 동탄신도시는 2006년 5월부터 2008년 9월까지 유시티 사업이 추진됐는데, 사업비용만 약 450억 원이 투입됐다.

하지만 화성 동탄의 스마트시티 프로젝트는 최초였던 만큼 문제점도 많았다. U-플래카드 등 일부 서비스의 경우 현행법에 배치돼 구축 이후 서비스 제공에 제한이 있었다. 또 경찰서, 소방서 등의 공공기관과 통합운영센터에서 수집되는 정보의 연계 역시 당시 법률에 의해 제한받아 통합운영센터가 제 역할을 수행하는 데 한계가 있었다.

신도시 중심으로 추진해 오던 한국의 스마트시티 사업은 도시 정책 방향이 신도시 위주의 전면 개발에서 도시재생으로 전환되

문제점	해결 방안
산재되어 있는 기관	컨트롤타워 마련
다양한 서비스 부처들의 협력 부족	주무 부처 간 협력 필요
현행법과 배치되는 서비스	개별법 재정비 필요

면서 정체된 상태다. 신도시 추가 지정이 사실상 중단되면서 스마트시티의 새로운 모델 확보가 시급해졌다.

지금까지는 통합운영센터를 도시 한가운데 두고 도시 전체를 관리하려 했지만 이제는 특정 부문에 초점을 맞춘 작은 사업도 시행하는 등 스마트시티 형성을 위한 새로운 방식을 찾아야 하는 셈이다.

한국 도시가 스마트시티가 되려면 주무 부처 간 협력도 필수다. 기존에 해 왔던 국토교통부의 유비쿼터스 도시 사업뿐 아니라 미래창조과학부의 사물인터넷 사업, 산업통상자원부의 스마트그리드 사업은 반드시 포함돼야 하며 헬스케어, 교육 등 도시 관련 서비스 사업을 추진하는 주무 부처들의 협력도 필요하다.

컨트롤타워 마련도 시급하다. 전문가들은 중국은 리커창 총리, 인도는 나렌드라 모디 총리 등 국가 수장들이 직접 진두지휘하면서 스마트시티 관련 사업이 탄력을 받고 있지만 한국에는 컨트롤

타워가 없다고 지적한다. 중앙부처의 각종 스마트시티 관련 정책과 사업을 모니터링하고 조정, 연계, 통합할 수 있는 조직이 필요하다는 의미다. 최근 국토교통부와 미래창조과학부가 스마트시티 사업 추진과 관련해 다양한 활동을 벌이고 있지만 개별적으로 움직이는 탓에 시너지 창출은커녕 불필요한 비용 낭비까지 유발되는 상황이다.

제도 역시 손봐야 한다. 스마트시티와 관련한 법률이 개별법으로 존재해 개별법에서 추진하는 사업, 정책을 파악해 정비해야 한다는 얘기다. 스마트시티가 발전하기 위해서는 정보의 연결과 융·복합이 중요하다. 개인정보보호법 등 정보를 통제하는 국내법과 위치정보에 관한 법률, 공간정보 관련법 등 정보와 관련한 제도들이 흩어져 있어 정보 활용에 제한을 받고 있어서다.

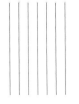

한국판 콤팩트시티 원형 세운상가는 왜 실패했나

런던, 뉴욕, 도쿄 등 글로벌 도시들에 가면 타워 크레인을 시내 곳곳에서 볼 수 있다. 고밀도 '콤팩트시티'의 장점을 살리기 위해 초고층 빌딩 건설에 나섰기 때문이다.

빌딩정보 제공업체인 엠포리스에 따르면 2016년 1월 말 기준 높이 100m 이상 고층 빌딩이 가장 많은 도시는 1,294개를 보유한 홍콩이며 이어 뉴욕(690개), 도쿄(415개), 시카고(302개), 두바이 (262개) 등의 순이다. 서울은 163개로 11위에 그쳤다.

하지만 초고층 건물만을 많이 짓는다고 콤팩트시티가 되는 것은 아니다. 우리나라 최초의 대형 주상복합 건물이자 한국판 콤팩트시티의 원형이라고 불릴 수 있는 세운상가가 도시재생의 길을 걷고 있는 과정을 살펴보면 그 이유를 찾을 수 있다.

"세상의 기운이 다 모이라는 뜻에서 '세운世運'이라고 짓겠습니다."

세계 주요 도시 초고층 빌딩 (단위: 개)

순위	도시	개수
1	홍콩	1,294
2	뉴욕	690
3	도쿄	415
4	시카고	302
5	두바이	262
6	상하이	247
7	토론토	238
8	광저우	227
9	선전	205
10	싱가포르	177
11	서울	163

*높이 100m 이상 건물 대상   자료: 엠포리스

1968년 당시 서울시장 김현옥은 종로 3가와 퇴계로 3가를 공중보도로 연결한 한국 최초 주상복합건물을 '세운상가'로 부른다고 발표했다.

세운상가 단지는 세운초록띠공원(옛 현대상가)과 세운상가, 대림상가, 삼풍상가, 풍전호텔, 신성상가, 진양상가 등 8개 건물로 종로부터 퇴계로까지 남북으로 약 1㎞에 이른다. 1968년 준공 당시로 치면 강북 한복판에 타워팰리스가 들어섰다고 해도 무방할 정도였다. 위층은 고급 주택이 들어서면서 연예인도 살았고, 아래층은 '미사일과 탱크도 만들 수 있다'는 우스개가 돌 정도로 상업시설이 활성화된 국내 유일의 종합 전자 메카로 건물 자체가 당시로서는 획기적인 콤팩트시티였기 때문이다.

하지만 1980년대 강남 개발이 본격화하고 1990년대 들어 용산과 강변에 대형 전자상가가 들어서면서 내리막길을 걷다가 2000년대 대규모 재개발 프로젝트가 좌초되며 도심 속 흉물로 전락했다. 콤팩트시티의 핵심은 콘크리트가 아닌 그 속의 도시 콘텐츠와 이를 활용할 수 있는 매니지먼트라는 점을 세운상가의 실패가

보여 준다.

세운상가는 물리적인 환경 개선을 위한 재개발과 체계적인 운영을 위한 민간 참여가 막힌 채 보존을 강조하는 관 주도의 공공사업에 치우쳐 있다. 한번 쇠락한 세운상가를 부활시키려면 '창조적인 파괴'가 필요하다.

도시재생의 대표적인 성공 사례로 꼽히는 일본 도쿄 롯폰기힐스는 세운상가처럼 소유자가 많고 토지·건물주 간 이해관계도 복잡하게 얽혀 있었다. 하지만 재개발을 거쳐 콤팩트시티의 새 롤모델이 됐고, 이후 타운매니지먼트를 도입해 롯폰기라는 지역이 하나의 글로벌 브랜드로 자리 잡았다. 이 대형 프로젝트 덕분에 모리빌딩은 미쓰비시지쇼와 미쓰이부동산과 더불어 도쿄 3대 디벨로퍼로 명함을 내밀게 됐다.

세운상가는 지하철역이 가깝고 청계천과 종묘 등 주변 조망이 좋은 데다 스토리도 있다. 전문가들은 세운상가를 활성화하려면 근본적인 치유가 필요하다고 말한다. 건물이 노후화해서 화재 위험성 등 안전에 취약해 현재로서는 새로운 상점들을 유치하기 쉽지 않지만 개발과 보존의 균형점을 찾아 획기적으로 재생하면 미래형 콤팩트시티가 될 수 있는 충분한 잠재력을 가지고 있다. 롯폰기 사례처럼 세운상가를 계기로 세운이 서울을 대표하는 도시 브랜드가 될 수 있고, 한국도 국내를 대표하는 제대로 된 디벨로퍼를 키우는 기회가 될 수 있다는 얘기다.

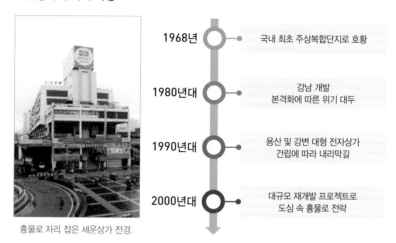

세운상가의 쇠락 과정

1968년	국내 최초 주상복합단지로 호황
1980년대	강남 개발 본격화에 따른 위기 대두
1990년대	용산 및 강변 대형 전자상가 건립에 따라 내리막길
2000년대	대규모 재개발 프로젝트로 도심 속 흉물로 전락

흉물로 자리 잡은 세운상가 전경.

자료: 매일경제, 삼정KPMG경제연구원

문제는 방법이다. 서울시는 청계천 복원 때 철거한 세운상가 가동과 청계상가를 잇는 공중보행교 1단계 사업 착공에 들어간다. 하지만 보행교가 삼풍상가~진양상가 구간까지 모두 연결될지도 미지수인 데다 지금처럼 시가 직접 수백억 원의 예산을 투입하면 재생 효과는 미미하고 자칫 재정 낭비로 귀결되는 '땜빵'에 그칠 수 있다는 지적이 나온다. 서울시는 상가를 보존하겠다고 결정했지만 철거 후 재개발보다 리모델링 비용이 더 들어갈 가능성도 배제할 수 없다.

전문가들은 세운상가 재개발과 관련해 사업성이 부족해 민간 업자들의 참여가 제한돼 있는 만큼 민간이 진입할 수 있도록 서울시가 멍석을 깔아 줄 필요가 있다고 말한다. 용적률 상향 등을 특혜로 보는 사회적 시각도 개선이 시급한 부분이다. 공공은 용적률과 층고제한 등 규제를 완화해 주는 대신 민간으로부터 다양한 공공기여를 받아 공원과 광장, 창업 플라자 등 세운상가에 필요한 인프라스트럭처를 정비하는 민관 협력형으로 사업 궤도를 수정해야 한다.

고밀개발의 부작용
우면산 산사태가 남긴 교훈은

우리나라 도시의 방재 대책은 아직 걸음마 수준이다. 급격한 도시화에 따른 고밀개발, 저지대·구릉지 개발 등으로 재해에 취약하다.

지난 2011년 서울 우면산에서 일어난 산사태는 그간 한국이 추구해 온 도시개발이 얼마나 큰 위험성을 지니고 있는지를 여실히 보여 준 사건이었다. 평년 연 강수량의 40%에 달하는 폭우 595㎜가 불과 3일 만에 쏟아진 결과 18명의 시민들이 영문도 모른 채 목숨을 잃었다. 지구 온난화 등의 영향으로 폭우와 같은 이상기후가 빈번해진 데다 이미 사고 발생 1년 전 태풍 곤파스의 영향으로 국지적인 산사태가 일어났음에도 별다른 대처 없이 방치됐던 것이 원인으로 꼽혔다.

보다 근본적으로는 급격한 도시화 과정에서 구릉지와 인공 비

재해에 따른 피해가 큰 이유

방재적 관점 토지 이용 미흡

취약성 분석 등 도시 방재 전략 미흡

기후변화 대응 건축물에 과도한 비용 낭비

탈면 등 재해에 취약한 위험지대까지 고밀도 주거지가 개발됨으로써 피해가 컸다는 분석이다. 재해 위험을 고려하지 않은 도시 개발 지역이 이상기후에 따른 불확실한 자연재해와 만날 때 생길 수 있는 최악의 결과가 바로 우면산 산사태였다는 지적이다.

특히 최근에는 과거 산업화 시대 고밀도 집적 개발로 자연재해에 따른 피해가 늘어나는 추세다. 소방방재청이 발간한 '2014년 재해연보'에 따르면 지난 1980년대부터 2014년까지 국내 침수 피해 면적은 재해 대응 시스템 등의 발전으로 줄어든 반면 실제 피해액은 증가한 것으로 파악됐다. 인프라가 집적된 도시에 맞는 재해 대응책이 사실상 전무해 재해가 발생하면 피해가 커지는 방향으로 도시가 잘못 개발되고 있음을 보여 주는 셈이다.

현재 국내 도시의 경우 구도심은 과거에 방재 개념이 전무한 상태에서 개발돼 녹지 면적 미흡, 배수 시설 용량 부족, 시설 간

유기적 협응 체제 부재란 구조적 문제를 안고 있다. 여기에 지은 지 15년이 넘어 기후변화에 취약한 노후 건축물과 침수 피해에 취약한 반지하 가구에 대한 관리 제도 역시 부족하다. 도심 침수 방지를 위한 배수 시설 투자도 적을 뿐 아니라 이마저도 유기적인 홍수 분담 계획 없이 시설에 따라 개별 투자돼 비효율이 심각하다.

이런 현상은 향후 더욱 심해질 전망이다. 국토교통부에 따르면 지난 2014년 기준으로 노후 건축물은 454만 3,883동, 면적은 18억 1,335만 8,170㎡인데 이는 20년 후인 2035년에는 633만 8,790동, 33억 6,200만 7,619㎡로 증가할 것으로 예상된다.

또한 재해 위험 지역이나 하천변, 해안변에 가깝게 밀집 주거지가 형성되는 등 방재적 관점의 토지 이용이 미흡하고, 해안 등 강풍 지역에서는 방풍림 등 바람을 막기 위한 대책이 부족하다. 건물 배치와 방향, 높이 등은 강풍에 대한 영향을 전혀 고려하지 않고 설계됐다.

무엇보다도 기후변화 재해에 대한 체계적 도시 방재 전략이 미흡하다. 특히 기후변화에 따른 다양한 재해(폭염, 폭설, 강풍, 가뭄, 해수면 상승 등)를 고려하지 못하고 있다. 국토교통부는 재해 취약성 분석 제도를 도입하여 재해 예방형 도시 계획 및 토지 이용 체계 기반을 마련하였으나 실질적인 추진 실적이 미미한 상황이다. 실제로 도시·군 기본 계획과 도시·군 관리 계획을 세울 때

기초 조사의 하나로 재해 취약성 분석을 실시하도록 2015년 초 국토의 계획 및 이용에 관한 법률을 개정했지만 지자체 예산 확보 근거가 부족해 실제 현실에서 반영되기는 쉽지 않다.

또한 저탄소 녹색도시 조성과 온실가스 배출량 저감이 시대의 화두로 떠올랐지만 복잡한 이해관계와 비용 탓에 에너지 다소비 구조와 온실가스 배출량 증가 문제가 여전히 계속되는 현실이다. 온실가스를 낮추기 위해 건축물 에너지 허가 기준 강화와 친환경 주택성능 평가, 공공건축물 그린 리모델링 등의 제도가 시행되고 있지만 과도한 비용 탓에 실제 적용이 더딘 상황이다.

"
**방재시스템이
도시가치 높여**
"

　방재 시스템은 도시의 가치를 높여 준다. 도시 방재 시스템은 눈에 잘 띄지 않고 효과가 바로 나타나지 않기 때문에 고비용이라는 인식이 강하고 후순위로 밀리는 경우가 많다. 하지만 제대로 대비하지 않으면 뜻밖의 '한 방'에 도시가 휘청거릴 수 있어 방재에 들이는 돈이 아깝다는 생각을 버려야 한다.

　미래도시는 다양한 위협에 노출된다. 기후변화에 따른 자연재해부터 테러와 전염병에 이르기까지 대부분 예측 불가능한 것들이다. 문제는 이러한 외부 충격이나 리스크를 제로(0)로 줄이는 것은 불가능하다는 점이다. 위기의 순간에 도시가 최대한 유연하게 대처하고 신속하게 복구, 재생할 수 있도록 준비해야 하며, 이는 미래도시 발전으로 이어진다.

태풍이나 지진 등 한국보다 상대적으로 자연재해가 자주 발생하는 일본은 도시재생 사업에서 방재에 주력하고 있다. 자연재해가 도시를 강타했을 때 이에 대해 충분히 준비하면 안전할 수 있으며, 이러한 대비에 충실한 도시개발은 재해 시 도시의 지속 가능성과 신뢰성을 높여 결과적으로 도시의 부가가치 상승으로 귀결되기 때문이다.

최근 몇 년 사이 도시개발 계획이 쏟아지는 도시재생 긴급정비 지역은 도시재생 안전 확보 계획을 반드시 세우는 등 민간과 공공이 재해에 어떻게 대비하고 협력할 것인지 도시계획 차원에서 접근하고 있다. 튼튼한 건물을 새로 짓는 하드웨어적인 개발뿐만 아니라 '지역 경영Area Management' 등 소프트웨어 측면에서 다양한 방재 프로그램이 포함된다.

특히 고밀도 개발을 추진 중인 도쿄역 주변의 경우 2년 전부터 민간이 제시한 재개발 계획에 대해 도쿄도청이 방재 기능과 지역 안전 기여도를 정량적으로 평가하고 일정 기준을 만족하면 '지역 방재 건물'로 인증해 주고 있다. 이처럼 관으로부터 인증을 받은 빌딩은 건물 자체의 가치가 높아지고, 재개발을 거쳐 이런 건물이 늘어날수록 도시 전체가 안전해지는 만큼 방재 시스템 구축은 도시개발·도시재생 사업과 한 세트로 추진돼야 한다.

쓰나미 등 대형 재난의 경우 즉각적인 행정 대응에 한계가 있다. 이에 일본은 도시를 위협하는 재해 리스크에 대해 사회 구성원들이 관심을 갖고 이해하려는 노력을 기울이고 있다. 예컨대 도시재생 사업에서 주민들 스스로 우리 마을에서 발생할 수 있는 재해의 성격과 피해 예상 규모 등을 공부하고 대처법을 강구하는 프로그램도 함께 진행하고 있다. 앵커시설 등을 만드는 데 머물고 있는 한국의 도시재생 사업과 비교되는 대목이다.

일본에는 방재도시와 관련해 '자조自助·공조共助·공조公助'라는 세 단어가 있다. 자조自助는 기업과 시민 등 민간이 개별적으로 재해에 대비하는 것이고, 공조共助는 지역사회 차원에서 대비하는 것이며, 공조公助는 정부와 지자체가 준비하고 책임지는 것을 각각 뜻한다. 일본에서는 셋 중 스스로를 지킨다는 의미의 자조自助를 가장 중요하게 여긴다. 공조共助는 자조自助를 보완해 주는 것이며, 공조公助는 자조自助와 공조共助를 지원 또는 보완해 주는 것이 기본이라고 보고 있다. 일본 도시재생 사업에서 방재 시스템 구축이 주민 주도형으로 이뤄지는 경우가 많은 이유가 여기에 있다.

방재 시스템을 구축하려면 긴 시간이 필요하며, 중간에 재해가 발생할 가능성도 배제할 수 없다. 이때 도시가 회복탄력성을 갖추려면 방재 개념 속에 신속하고 원활히 복구·재생이 가능하도록 '고장 안전Fail-safe' 시스템을 확충해야 한다. 아울러 복구·재생 시에 단어 그대로 도시를 재해 발생 전 상태로 되돌려 놓는 것이 아니라 위기를 계기로 도시의 체질을 근본적으로 개선하고 질적으로 업그레이드할 수 있는 대담한 발상과 이를 실현할 수 있는 제도적 기반을 만드는 것이 중요하다.

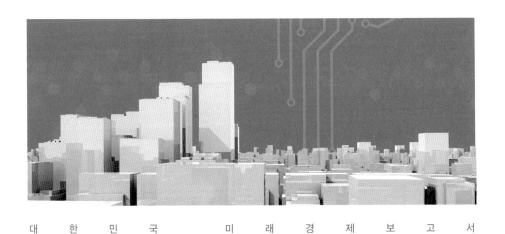

CHAPTER 04

미래도시,
한국의 선택은

서울은 아시아의 허브, 헤드쿼터 전쟁에 참전하라

글로벌 기업의 아시아 지역본부Headquarter, 헤드쿼터를 유치하기 위한 아시아 도시 간 전쟁이 치열하다. '인구절벽', '노령화' '저성장'이라는 삼각파도를 마주하고 있는 도시들에 글로벌 기업의 지역본부는 세 마리 토끼를 한꺼번에 잡을 수 있는 기회다. 기업이 들어오면서 생산·소비력이 왕성한 전문인력과 미래 성장동력이 동시에 제공되기 때문이다.

우수한 '인적 자본'의 유입은 미래도시 생존의 가장 중요한 요소다. 한국의 도시들도 미래 글로벌 도시 경쟁에서 승리하기 위해 차별화된 경쟁력 확보가 시급하다.

동북아시아 중심에 위치한 서울은 중국, 일본, 러시아 등 아시아 주요국과 근접한 지리적 이점을 가지고 있다. 또한 우수한 IT 인프라 설비, 물류 인프라 등은 글로벌 기업들을 끌어들일 만한

헤드쿼터 유치를 위한 고려사항

I	비용 외 요소(Non-Cost Factor)의 차별화된 경쟁력
II	외국인 채용 조건이나 비자 문제의 대대적인 개편
III	서울 브랜드를 알리는 도시 스토리 구상

충분한 매력을 가지고 있다. 하지만 서울이 아시아의 허브로 자리 잡기 위해서는 아직은 몇 가지 관문이 남아 있다.

첫째, 글로벌 기업의 헤드쿼터를 유치하기 위해서는 법인세율 인하나 인센티브 제공, 면세 등 전통적으로 중요시되던 비용 요소Cost Factor를 넘어 삶의 질, 주거 환경과 같은 비용 외 요소Non-Cost Factor에 대한 고려가 필요하다. 과거에는 글로벌 기업들이 임대료가 비싼 도심을 떠나 외곽으로 사무실과 공장을 대거 이동시켰다. 그러나 이제는 높은 부가가치와 생산성을 요구받는 지식 기반 산업의 발달과 함께 업무 공간의 질적 환경이 중시되고 있다. 기업 전략도 비용을 낮추는 것이 아니라 비용을 상쇄할 만한 인재를 확보하는 데 맞춰지고 있다.

모종린 연세대 국제학대학원 교수가 지적한 '여의도 미스터리'에는 인프라스트럭처 투자에도 불구하고 외국 기업이 오지 않는 이유가 잘 설명돼 있다. 여의도 IFC국제금융센터 복합단지 건설 등 대규모 인프라 구축에 발맞춰 서울시와 정부는 2009년 여의도를 아시아 금융 허브로 만들겠다는 의지를 밝혔다. 하지만 해외 금융회사의 지역본부를 여의도에 유치하는 데는 성공하지 못했다.

이에 대해 모 교수는 전문직 외국인을 끌어모으려면 그들이 중요시하는 직주근접과 같은 라이프 스타일에 대한 고려와 이해가 필요하다고 설명한다. 결국 서울이 '글로벌 헤드쿼터 전쟁'에서 승리하기 위해서는 아스팔트나 콘크리트와 같은 물리적 환경의 개선과 함께 비용 외 요소인 다양한 음식, 뮤지컬, 쇼 등 도시 문화 콘텐츠를 통해 사람을 끌어모으는 매력 요소들이 있어야 한다.

풍부한 도시 콘텐츠와 같은 차별화된 경쟁력은 도시 성장을 위한 선순환의 발화점이다. KPMG글로벌의 설문조사에 따르면 기업이 입지를 결정할 때 가장 중요하게 생각하는 요소로 우수한 인재를 뽑을 수 있는 풍부한 노동시장을 꼽았다. 산업이 고도화될수록 우수한 노동력 확보는 기업 성장을 위한 하나의 옵션이 아니라 필수 요소로 여겨진다.

사람을 끄는 매력이 있는 도시는 우수한 노동력을 흡수함으로써 질 높은 인력을 제공할 수 있게 된다. 글로벌 기업들은 이러한 역량을 가진 도시로 모여들게 되고 활발한 기업활동을 기반으로 도시는 더욱 성장하게 된다. 결국 도시 삶의 질적 향상을 가져오

도시 발전의 선순환 구조

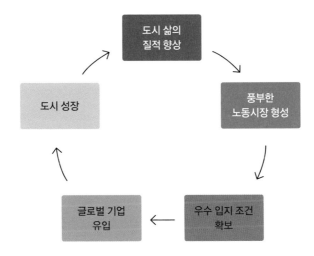

는 차별화된 문화 콘텐츠가 있는 도시가 미래 도시대전에서 생존하게 된다.

둘째, 외국인 채용 조건이나 비자 문제의 대대적인 개편이 필요하다. 산업계에서는 외국인 채용 조건이나 비자 문제가 까다로워 인구 수혈에 어려움이 있다고 고충을 토로한다. 내국인만을 대상으로 구축된 폐쇄적인 인터넷 전자상거래 시스템도 개선돼야 한다. 한국은 인터넷 강국이지만 정작 한국에 거주하는 외국인들은 인터넷으로 금융거래를 하거나 물건을 사는 일이 쉽지 않다고 어려움을 토로한다.

마구잡이로 외국인을 받아들이는 것 또한 향후 우리 사회에 부정적인 요소로 자리 잡을 수 있다. 개방된 마음으로 외국인들을 받아들이되 체계화된 관리를 통해서 옥석을 가려 낼 수 있는 시스템을 구축해야 한다.

셋째, 서울만의 도시 스토리를 만들어야 한다. 세계는 글로벌 관광객과 인재 유치를 위해 도시 브랜드 전쟁을 벌이고 있다. 서울도 인접도시인 도쿄, 베이징, 상하이, 싱가포르, 홍콩 등과 도시 브랜드 경쟁을 치열하게 벌이고 있다. 서울은 2015년 10월 'I Seoul You'라는 브랜드를 발표하며 새로운 서울의 시작을 알렸다. 하지만 여기에서 만족하면 안 된다. 새로운 브랜드를 발판 삼아 외국인들이 오고 싶어 하는 서울만의 스토리를 만들어야 한다.

급변하는 도시 생태계
적응하지 말고 창조하라

첨단 정보통신기술ICT의 발전과 함께 '스마트시티'를 향해 도시 생태계가 급변하고 있다. 주요 국가들이 미래 도시개발 모델로 스마트시티를 제시하면서 IBM, 시스코, 구글, 필립스, 지멘스 같은 글로벌 기업들이 미래도시를 연구하며 새로운 먹거리 발굴에 나서는 모습이다.

이들 기업들은 새로운 비즈니스 환경에 적응해 나가며 생존을 모색하던 기존의 '적자생존Fitness of Survival' 전략에서 벗어나 기업 환경과 비즈니스 생태계를 창조하기 위해 선제적으로 나서고 있는 것이다. 이는 애플이 아이폰을 통해 기존의 휴대폰 시장에 적응하길 거부하고 스마트폰 생태계를 새롭게 만들었던 것과 같다. 한국엔 아직 IBM이나 지멘스처럼 해외 도시를 상대로 컨설팅을 해 주며 '도시'를 미래 성장동력으로 삼고 있는 기업이 없다. 한국

한국형 스마트시티를 위한 고려사항

I	'도시'를 기업의 차세대 성장동력으로 인식
II	기존 보유자원의 적극적 활용
III	빅데이터 활용을 통한 스마트 모빌리티 시티 구축

도 다음과 같이 바뀌어야 한다.

첫째, 현대기아자동차그룹은 도시설계에 나서야 한다. 현대기아자동차그룹은 자율주행차 개발에 그룹의 역량을 집중한다는 계획이다. 이를 위해 연구개발R&D에 2조 원을 투자하고 연구 인력을 대폭 확대하겠다는 방침이다. 하지만 현대기아자동차그룹에는 미래도시를 연구하는 전담부서나 팀이 없다. 급속히 변화하는 비즈니스 환경에 적응만 하지 말고 스마트시티 생태계를 창조하려면 미래도시에 관심을 집중해야 한다.

이미 글로벌 자동차회사 아우디도 스마트시티 등 미래도시 연구에 발 벗고 나선 상태다. 아우디는 2010년부터 도시 이동성Urban Mobility과 해결책을 연구하는 프로젝트인 '아우디 어번 퓨처 어워드Audi Urban Future Award' 공모전을 진행하고 있다. 1등으로 선발된 팀은

아시아 주요 도시의 분야별 경쟁력 비교

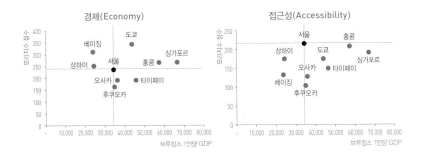

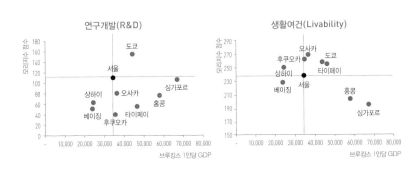

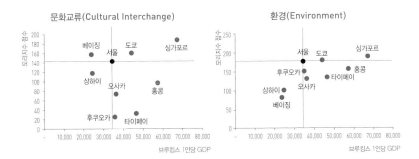

자료: 모리지수, 브루킹스 연구소, 삼정KPMG경제연구원

연구자금으로 10만 달러(약 1억 2,000만 원)를 지원받는다. 자동차가 속한 공간인 도시는 변할 수밖에 없기 때문에 소비자의 마음을 사로잡는 자동차를 만들려면 미래도시를 예측하고 연구해야 한다는 게 아우디의 생각이다. 자율주행차가 마음껏 다닐 수 있는 도시 환경 인프라 구축을 위해서는 건설업체뿐 아니라 자동차회사가 아이디어를 내고 생태계 조성에 적극 참여해야 한다.

둘째, 한국은 기존의 보유자원을 잘 활용해야 한다. 일본 모리 연구재단의 '모리지수'에 따르면 서울은 아시아 9개 주요 도시 가운데 접근성 분야에서 1위를 차지하는 등 수준 높은 교통 인프라를 보유하고 있다. 또한 2000년대 초반부터 세계 최고 수준의 ICT 인프라 구축에 나서면서 스마트시티로 부상할 수 있는 잠재력을 가지고 있다. 이미 잘 구축되어 있는 ICT 인프라와 교통 인프라를 활용하면 한국만의 강점을 살린 한국형 스마트 모빌리티 시티Smart Mobility City가 만들어질 수 있다.

셋째, 스마트 모빌리티 시티 시대를 여는 비밀열쇠인 빅데이터를 활용하라. 전 세계 40개 도시의 친혁신 정책을 분석한 시티CITIE 2015년 보고서는 서울을 빅데이터를 활용하여 혁신을 촉진하는 환경을 보유하고 있는 도시로 꼽았다. 특히 서울의 심야버스인 '올빼미버스'가 주요 사례로 제시됐다. 시민 불편사항을 공식 홈페이지와 상담 서비스 전화를 통해 수집하여 심야 택시 요금에 대한 불만사항을 인지하고, 올빼미버스의 심야(12~5시) 노선 결정에 30억 개의 심야 KT 통화량 데이터가 사용되었다.

　이처럼 한국의 도시가 스마트 모빌리티 시대를 열기 위해서는 빅데이터 활용이 핵심이다. 이를 위해 대중교통 시스템을 디지털화하고 애플리케이션으로 모바일 서비스와 연계해, 원클릭으로 원하는 교통수단을 이용할 수 있는 플랫폼을 구축해야 한다. 물론 빅데이터와 관련한 투자와 함께 칸막이 규제가 아닌 주무 부처 간의 소통과 협력도 중요하다.

출퇴근 시간 15분,
친환경 수직도시 설계하라

도시 외곽으로 확산Sprawl이 아닌 중심으로 모으는 콤팩트시티는 세계 주요 글로벌 도시에서 나타나는 두드러진 현상이다. 직장과 주거가 같은 공간에서 해결되면서 출퇴근 시간은 15분 이내로 짧아진다. 초소형 전기차, 전동 퀵보드, 세그웨이 등 새로운 개인 이동수단이 속속 등장하며 도시 공간도 이에 걸맞게 압축적으로 재편될 전망이다. 도시를 콤팩트하게 만들기 위한 방안은 아래와 같다.

첫째, 수직도시 설계를 통해 도시는 더욱 뾰족해져야 한다. 글로벌 도시들은 횡적 팽창이 아닌 수직 상승의 방향으로 도시 설계를 바꿔 가고 있다. 콤팩트시티가 편리함과 동시에 친환경적인 도시생활을 제공하기 때문이다.

야마토 노리오 모리기념재단 도시전략연구소 연구위원은 "매

콤팩트시티 구축을 위한 고려사항

I	횡적 팽창이 아닌 수직도시 설계
II	용적률, 건폐율, 용도변경, 층고제한 규제 완화
III	지방 중소도시는 자신만의 경쟁력 강화

일 30분~1시간 이상 자동차를 타고 출퇴근하는 모습은 사라질 것"이라고 말했다. 그는 "고층 건물들로 인해 지역이 2배가량 뾰족해지면서 여유 용지가 생긴 덕분에 도심 내 보기 어려웠던 대형 공원과 보행자 전용도로를 확보할 수 있게 됐다. 이전보다 훨씬 친환경적이며 걷기 좋은 도시가 될 것으로 기대된다"고 말했다.

둘째, 콤팩트시티 개발을 위해 용적률, 건폐율, 용도변경, 층고제한 등 규제를 완화하고 탄력적으로 운용해야 한다. 일본 도쿄의 경우 정부가 도입한 국가전략특구제도의 힘이 크게 작용하고 있다. 특구로 지정된 도라노몬 도시재생 사업지는 민간이 제안하는 공공기여에 따라 용적률이 대폭 완화되면서 1,000~1,400%까지 용적률이 상향 조정됐다. 보통 수년씩 걸리는 토지용도 변경이 1~2년 내 신속하게 처리되는 점도 도입 가능성을 타진해야 한다.

서울 또한 도쿄의 '국가전략특구'와 비슷한 개념의 '입지규제 최소구역'을 2015년 도심지역에 지정하기로 했다. 입지규제 최소구역으로 지정되면 최소한의 규제만 적용되거나 규제가 아예 배제된다. 서울의 경우 용산 일대가 첫 수혜지가 될 전망이다.

셋째, 주변의 대도시로 인구를 뺏기는 축소도시Shrinking City는 자신만의 경쟁력을 찾는 데 주력해야 한다. 세종시로 인구가 유출되는 인근 도시들이 여기에 해당한다. 미국 캘리포니아주 남부에 위치한 어바인은 우수한 교육 제도와 주거 환경이라는 특징으로 인근 글로벌 도시인 로스앤젤레스와의 인구전쟁에서 버티고 있다.

한국 지방 중소도시의 경우 인구 감소로 나타날 도시 공간 문제에 대해 심각하게 받아들이지 않는 모습이다. 오히려 각종 개발 사업 등을 통해 유입 인구가 증가할 것으로 가정해 계획인구를 과다 상정하는 사례가 만연해 있다. 이 때문에 법정계획으로 추진되는 도시기본계획의 인구를 모두 합하면 목표연도의 대한민국 총인구가 2억 명을 넘을 것이라는 웃지 못할 이야기가 전문가들 사이에서 회자되는 상황이다. 균형발전이라는 정치적 프레임에 갇혀 구도심을 재생하는 대신 새로운 택지 개발과 기업·혁신도시 등 신도시 개발에 열을 올리고 있다.

실제 국내 시가화 지역(주거·상업·공업지역)에 비해 비시가화 지역(녹지·농림·자연환경보전지역 등)에서의 개발행위가 지속적으로 증가하고 있다. 국내 230개 시군구를 대상으로 2010~2013년 동안 인구 변화와 비시가화 지역 개발행위 허가 건수를 분석한 결과, 인구가 감소하고 있는데도 불구하고 비시가화 지역에서의 개발행위가 늘고 있다.

　우리나라의 많은 지방도시가 여전히 인구 감소 추세와 관계없이 도시 규모의 확장을 추진하고자 한다는 점을 단적으로 보여주는 예라고 할 수 있다.

외부 충격에 대응 위한
도시 메타볼리즘 높여라

경쟁력 있는 미래도시는 기후변화, 자연재해, 테러 등 외부 충격에서 빠르게 회복해 기업들에 안전한 기업 환경을 지속적으로 제공할 수 있어야 한다. 인간이 도시를 만들고 사회를 구성하고 나선 것도 끊임없는 충격에 대응력을 키워 생존 가능성을 높이기 위해서였다. 이를 위해 도시를 유기체로 보고 아래와 같이 미래도시의 '메타볼리즘Metabolism, 신진대사'을 높이려는 노력이 필요하다.

첫째, 도시가 가지고 있는 내부의 문제를 정확히 인식해야 한다. 먼저 들여다봐야 할 곳이 서울의 땅 밑이다. 현재 서울의 지하 라이프라인은 거미줄처럼 복잡하게 얽혀 있다. 라이프라인이란 시민 생활의 기초가 되는 생명선으로서 전기, 가스, 상하수도, 전화, 교통, 통신 등의 도시 생활을 지원하는 시스템 혹은 인프라스트럭처라 할 수 있다. 복잡하게 얽혀 있는 라이프라인은 자연재

회복탄력성을 키우기 위한 고려사항

I	도시 내부 문제에 대한 명확한 인식
II	제로 에너지 빌딩 도입을 통한 에너지 자급도시 구축
III	도시의 자정기능을 높이기 위한 녹색기술 도입

해가 발생했을 때 피해를 더욱 가중시키고, 피해 후에 다시 복구하는 데도 시간과 비용을 더 많이 발생시킨다.

둘째, 에너지 자급도시를 구축하라. 인간과 자연의 조화를 중시하는 도시 패러다임이 요구됨에 따라 '제로 에너지 시티$_{ZEC}$' 등이 도시 신진대사를 높이는 수단으로 제시되고 있다. 제로 에너지 시티는 재생에너지를 이용해 기후변화와 에너지 고갈에 영향을 받지 않는 획기적인 도시 계획 요소로서 전 세계적으로 관심을 받고 있다. 한국도 2015년 11월 '2030 신산업 확산 전략'을 내세우며 2020년부터 공공 건축물, 2025년까지 민간 건축물의 제로 에너지 빌딩 의무화 계획을 내놓으며 미래의 에너지 트렌드 변화에 본격적으로 대응하기로 했다. 정부는 제로 에너지 건물과 도시를 구축하기 위한 인센티브를 제공하고, 기업 또한 의식을 전환하여 적극적으로 참여해야 한다.

셋째, 미래도시의 자정 기능을 높이기 위해서는 녹색 기술을 적극적으로 도입해야 한다. 건물 옥상과 벽면을 녹화하는 기술부터 도시에 농업을 접목한 '아그로폴리스'는 기술의 발전과 친환경적인 요소가 함께 공존할 수 있는 사례로 꼽히고 있다. 특히 농업 생산을 도심 내에서 하는 아그로폴리스는 대형 빌딩을 이용한 수직농장, 트럭 사이즈의 컨테이너 박스 안에 농장을 만드는 컨테이너 농장 등으로 다양화되는 추세다.

개발사업 패러다임도 자연재해 가능성을 고려한 '저영향 개발Low Impact Development' 방식으로 바뀌고 있다. 저영향 개발은 소규모·분산형 자연 친화적 개발 기법을 통해 도시의 수자원 상황을 개발 이전으로 최대한 가깝게 되돌리는 것을 말한다. 미국 시애틀의 SEA 프로젝트가 대표적인 성공 사례다. 이 도시는 빗물정원과 생태수로 등 빗물을 활용해 물 부족 현상을 극복할 수 있는 다양한 저영향 개발 시설을 주민들이 자발적으로 설치할 수 있도록 유도했다.

마지막으로 기후변화나 자연재해 못지않게 미래 한국 도시에 충격으로 다가올 이벤트는 바로 통일이란 점을 잊지 말아야 한다. 남북한 도시 간 경계가 사라지는 상황은 급격한 인구 이동을 포함해 한반도 도시 생태계를 뿌리부터 흔들 것이란 전망이다. 그러나 대비하기에 따라 이 역시 위기가 기회가 될 수 있다.

통일은 유라시아 대륙과 태평양을 연결하는 관문Gateway으로서 한반도가 가진 잠재력을 발휘할 수 있는 기회가 될 수 있다. 그간 남북 분단으로 격리됐던 구조를 탈피해 새로운 '대륙 시대'가 시작되는 것이다.

통일 직후 낙후된 북한 지역 주택을 개보수하고 도시 기반시설을 정비하는 것이 핵심 사업으로 부상할 전망이다. 통일 독일도 옛 동독의 노후 시가지를 재개발하는 것이 도시 분야 최대 과제였다. 국토연구원에 따르면 통일 후 10년 내 북한 지역에 새롭게 공급될 주택은 110만 가구가 넘을 것으로 추정된다.

북한 주민들의 '엑소더스'도 주목된다. 인구 이동은 서울과 평양을 중심으로 주변 거점도시를 포괄하는 새로운 '메가 수도권 Mega Capital City Region'을 형성할 것이란 전망도 나온다. 이에 따라 방재와 마찬가지로 앞으로 다가올 통일에 대비하기 위해 북한 국토와 도시 지리 정보를 종합적으로 관리하는 체계적인 시스템 구축이 시급하다.

"
**도시에 맞춤 솔루션 제공이
미래 먹거리**
"

　글로벌 도시끼리 맞붙는 '도시 경쟁' 시대에 스마트시티를 위한 인프라 구축에 나서지 않는 곳은 결국 도태된다. 지멘스는 지속 가능한 성장을 위한 도시화를 원하는 나라와 도시에 맞춤형 솔루션을 제공하는 것을 미래 먹거리로 정하고 적극 투자하고 있다.

　우리의 삶과 비즈니스는 정보화로 크게 변화했지만 도시 인프라는 아직 그 수준에 미치지 못했다. 제조업은 벌써 수십 년간 모니터링과 자동화, 통합 시스템을 도입해 비용을 줄였을 뿐 아니라 효율성도 향상시켰지만 기차나 송전 시스템, 빌딩, 버스, 도로 같은 도시 인프라는 같은 기간 큰 변화가 없었다. 지멘스는 이 점

을 파고들어 이제는 세계를 대표하는 스마트시티 솔루션업체로
진화했다.

지멘스가 만드는 스마트시티는 정보기술을 활용해 도시의 효
율을 높이는 데 초점이 맞춰져 있다. 특히 주목하는 부분은 교통
인프라를 개선하는 것이다. 도시는 세계 에너지 소비 중 3분의 2
를 차지하는데 이 중 교통 비중이 25%에 달한다. 올바른 기술을
활용해 교통 시스템을 효율적이고 지속 가능하게 운영해야 도시
효율을 높일 수 있다. 통근거리가 길어질수록 도시의 생산성은
최대 28% 감소하는 것으로 나타났다. 대중교통체증 같은 문제는
도시 성장에 제동을 걸고 있다. 세계 도시가 글로벌 무대에서 경
쟁력을 갖추려면 스마트시티로 나아가야 하고 기업은 도시에서
차세대 먹거리를 찾을 수 있다.

2030년까지 인구가 1,000만 명이 넘는 글로벌 메가시티Megacity가
될 것으로 예상되는 도시 상당수가 아시아에 있다. 지멘스는 2030
년까지 아시아 인프라 투자 규모를 약 7조 달러(약 8,456조 원)로
전망하는데 이는 독일 국내총생산GDP의 2배에 달하는 것이다.

지멘스는 아시아 진출의 일환으로 이미 한국에서 활발히 사업
을 펼치고 있다. 한전에는 스마트 네트워크 전력장비를 공급하고
있을 뿐 아니라 공조, 보안 등을 책임지는 스마트빌딩 시스템도
선보였다. 특히 교통과 건물, 에너지 등 도시 각 부문별로 특정 기

술을 적용할 때 얼마만큼의 효과를 볼 수 있는지 시뮬레이션하고 이를 토대로 도시 정책을 세울 수 있는 시스템인 시티 퍼포먼스 툴City Performance Tool을 서울시에 제공하고 있다. 한정된 도시 예산을 어느 분야에 투입할 때 가장 효과적인지 결정하게 하는 가늠자 역할을 할 것이며, 현재 수집 중인 서울시의 다양한 데이터를 활용하면 향후 서울시 정책 결정에 큰 도움이 될 것으로 예상한다.

한국은 '제로 에너지 의무화'를 목표로 신규 건축물 설계 기준을 강화하고, 고효율 설비 적용을 권장하는 등 스마트시티 구축에 적극적인 곳이다. 특히 스마트시티의 핵심 요소인 지능형 인프라는 2030년까지 온실가스 배출량을 37% 감축하는 한국 정부의 '탄소 자원화 전략'을 실현하는 데 크게 기여할 것으로 기대한다.

〈미래경제보고서〉 도시 자문단

국내(가나다순)

강정구 CBRE 글로벌인베스터스 전무, 고성수 건국대 부동산대학원장, 김승배 피데스개발 대표, 김언식 DSD삼호 회장, 김종훈 한미글로벌 회장, 김현아 한국건설산업연구원 건설경제연구실장, 김희정 피데스R&D센터 연구소장, 문주현 엠디엠 회장, 민경태 북한미래학 박사, 박상혁 한미글로벌 건설전략연구소장, 박희윤 모리빌딩도시기획 한국지사장, 변미리 서울연구원 미래연구센터 센터장, 심교언 건국대 부동산학과 교수, 안건혁 서울대 건설환경공학부 명예교수, 이원복 덕성여대 총장, 이혁주 서울과학기술대 행정학과 교수, 장남종 서울연구원 도시공간연구실장, 장영희 SH공사 도시연구원장, 정동섭 토마스컨설턴츠 한국대표, 조명래 단국대 도시계획과 교수, 조충기 대한건축사협회장, 황점상 쿠시먼앤드웨이크필드코리아 대표

국토연구원

이왕건 선임연구위원, 이재용 연구위원, 김성수 책임연구원, 이병재 책임연구원, 구형수 책임연구원

삼정KPMG경제연구원

김범석 경제연구원장, 이광열 상무이사, 이승재 책임연구원, 박도휘 선임연구원, 강민영 연구원

해외(가나다순)

가토 다카아키 도쿄대 도시기반안전공학국제연구센터장, 다발 고어 런던&파트너스 아태시장담당 헤드매니저, 라시드 하산 세빌스 크로스보더 투자 디렉터, 롤랜드 부시 지멘스 부회장, 이치카와 히로오 모리기념재단 도시전략연구소장, 존 그레이 블랙스톤 글로벌 부동산 대표

공동기획: 매일경제신문사, 국토연구원, 삼정KPMG경제연구원

대한민국 미래경제보고서

도시의 미래

초판 1쇄 2016년 3월 25일
　　2쇄 2016년 7월 15일

지은이 매일경제 미래경제보고서팀
펴낸이 전호림　**편집3팀장 및 담당PD** 고원상　**펴낸곳** 매경출판㈜
등　록 2003년 4월 24일(No. 2-3759)
주　소 우)04557 서울시 중구 충무로 2(필동1가) 매일경제 별관 2층 매경출판㈜
홈페이지 www.mkbook.co.kr
전　화 02)2000-2610(기획편집)　02)2000-2636(마케팅)　02)2000-2606(구입 문의)
팩　스 02)2000-2609　**이메일** publish@mk.co.kr
인쇄·제본 ㈜M-print　031)8071-0961

ISBN 979-11-5542-423-0(03320)
　　　979-11-5542-424-7(SET)
값 8,000원